AF297091

CATHERINE II

AUX

CHAMPS-ÉLYSÉES.

CONFÉRENCES

DE

CATHERINE II

AVEC

LOUIS XVI,

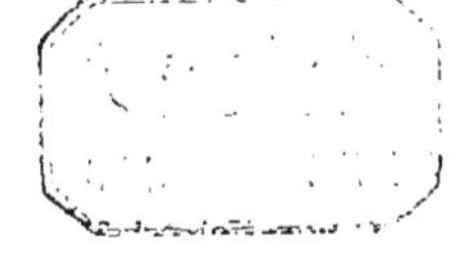

LE GRAND-FRÉDÉRIC ET PIERRE-LE-GRAND,

AUX CHAMPS-ÉLYSÉES.

Les sauvages humains soumis au frein des loix,
Les arts dans nos cités naissans à votre voix ,
Ces hardis monumens que l'univers admire ,
Les acclamations de ce puissant empire ,
Sont autant de témoins, dont le cri glorieux
A déposé pour vous au tribunal des dieux.

SÉMIRAMIS ; Act. I , Sc. V.

A MOSCOW. Janvier, 1797.

Se trouve à PARIS

Au BUREAU GÉNÉRAL des Nouveautés,
Rue Git-le-Cœur, N° 16.

CATHERINE II

AUX

CHAMPS-ÉLYSÉES.

Depuis quatre ou cinq ans, grace à la guerre et à l'esprit qui règne en Europe, il y avoit une telle affluence sur le rivage de l'Achéron, que le sévère Caron, quoiqu'il eût fait les frais d'une plus grande barque qu'à l'ordinaire, ne pouvoit néanmoins suffire à passer les ombres qui se présentoient en foule sur ses tristes bords. Habitué à les entasser par milliers, qu'on juge de son étonnement, quand, le jour même qui correspond dans l'empire de Pluton au 6 novembre des Russes, au 17 du même mois dans le reste de l'Europe civilisée, il se présenta à lui une femme qui en mettant le pied dans sa nacelle, sembla l'enfoncer au point de la faire couler bas de son seul poids. Qui es-tu, lui dit d'un air étonné le nocher des royaumes sombres, et comment peux-tu peser à toi seule plus que mille de ces pauvres ombres, moins legères pourtant ici que de leur vivant ? — Qui je suis ? . . . . . répondit en soupirant l'ombre majestueuse : RIEN à présent ; TOUT il y a quelques minutes : la dernière des lieux où nous sommes, la première de ce monde que je viens de quitter. — J'entends, reprit CARON, tu es cette CATHERINE, que je n'attendois pas encore de si-tôt ! entre, et quoique ton poids énorme m'oblige à faire un voyage pour toi seule, le plaisir de causer avec la plus grande femme de ton siècle, me dédommagera de la peine que tu vas me donner. Je ne compte pas t'enorgueillir beaucoup en te disant que je ne fais pas cet honneur-là à tout le monde ;

tu es accoutumée à des flatteries plus déli-
cates, mais c'est la vérité, et j'aime à la dire.
Il me passe sous les yeux tant d'insignifians personnages qui se croyoient quelque
chose là-haut, et qui, dépouillés de leurs
habits, pésent ici bien moins que les autres,
que j'ai pris le parti de n'y plus regarder ;
mais on n'a pas tous les jours dans sa barque
des CATHERINE. . . . . .

En achevant ces mots, CARON, un peu
moins brusque qu'à l'ordinaire , fit asseoir
l'Impératrice de toutes les Russies , de façon
que le moindre balancement de ce qui avoit
été autrefois son corps, ne fût pas dans le
cas de faire chavirer la barque ; et, après
avoir donné un vigoureux coup d'aviron ,
il s'éloigna , au grand mécontentement de
la foule des Ombres , et commença avec
CATHERINE le dialogue suivant :

CARON.

Malgré cette curiosité dont je ne puis me

corriger depuis tant de milliers d'années,
sais-tu bien que mon métier seroit cruellement pénible, si je menois tous les jours
des Ombres aussi pesantes que la tienne ?

CATHERINE.

Si j'étois encore sur le Trône, je croirois
que tu veux me flatter ; mais comment se
fait-il que toi, qui n'as jamais caressé personne, tu puisses mettre de l'importance à
ce qui n'en doit plus avoir dans ces lieux ?
Environnée de tout ce pompeux cortège que
je viens de quitter, je le concevrois peut-
être ; mais je n'ai rien emporté avec moi.
Puissance, grandeur, honneurs, richesses,
tous ces prestiges entourent mon fils aujour-
d'hui... je n'emporte que ma mémoire,
et, pour la première fois, il me vient dans
l'idée de trembler pour elle.

CARON.

Rassure-toi, CATHERINE ; les hommes qui
vont te juger sans te craindre, ne te trai-

teront pas comme ceux qui t'encensoient en
te craignant. Tu n'auras pas toute la part
de gloire que l'on t'avoit faite, mais tu res-
teras encore un colosse, et ta stature paroîtra
d'autant plus gigantesque, que tu vivois dans
un siècle de Pygmées.

CATHERINE.

Ainsi donc, ce poids énorme dont tu pré-
tends que j'accable ta nacelle....

CARON.

Est celui de ton vaste génie... apprends
ce que vous autres, mortels, qui vous croyez
habiles, êtes pourtant bien loin de savoir;
ce que vous estimez sur la terre, précisément
est ce dont nous ne faisons aucun cas; c'est
là ce qui meurt tout entier, et ce que vous
seriez plus sages de ne regarder là-haut que
comme des ombres, puisqu'au terme de votre
vie cela disparoît avec vous. Mais ces vertus,
ces qualités au contraire, qui sont si négligées parmi vous, mortels, ce sont elles,

qui , dès que vous n'êtes plus , prennent seules de la consistance ; et c'est ton grand caractère , qui fait qu'au moment où je te parle , ma barque est prête à engraver ; embarras au reste que je n'ai pas éprouvé vingt fois depuis six mille ans que je la mène.

CATHERINE.

Je suis flattée en ce cas de la peine que je te vois prendre , et plus encore de l'aveu que me fait un louangeur tel que toi. Mille écrivains m'avoient bien dit de mon vivant de belles choses de ce genre , mais je les avois à mes gages ; je remplissois les gazettes des pensions que je leur promettois , et j'ai tant payé mon propre éloge , que j'ai fini par douter de l'opinion de mes contemporains... mais, en te rappelant qu'il n'y a que quelques minutes que j'étois femme , tu me pardonneras bien de te demander quels sont les grands hommes qui ont surchargé ta barque , et auxquels tu parois avoir rendu les mêmes honneurs qu'à moi.

CARON.

Volontiers ; quoique les ombres de cette espèce aient été rares de tous les temps, il me semblent qu'elles diminuent chaque jour, et si Frédéric et toi n'étiez pas depuis peu descendus sur ce rivage, j'aurois cru que ton siècle, en faveur de l'esprit, avoit entièrement renoncé au génie.

CATHERINE.

Ce seroit abuser de ta complaisance que d'exiger les noms de tous ceux qui nous ont précédés.

CARON.

Beaucoup moins que tu ne penses ; la liste n'en est pas si longue que je n'aie pu en conserver le souvenir. Le premier, qui m'ait fait faire pour lui seul le voyage, étoit un aveugle. Il avoit beau savoir par cœur, et mieux que moi, la carte du pays, nous eûmes bien de la peine à gagner l'autre rive. Le second s'appeloit César ; quel homme !...

je suois à grosses gouttes en le conduisant. Il
n'y a que CHARLEMAGNE qui, depuis, m'a
coûté tant de temps et d'efforts. NEWTON
LEIBNITZ, CORNEILLE, m'ont obligé aussi à
déployer toute la vigueur de mon bras. Quant
à ce FRÉDÉRIC, qui là-haut faisoit le même
métier que toi, il m'amusa tellement par sa
conversation pendant la route, que je ne
m'apperçus presque pas de la peine extrême
qu'il me donnoit..... Depuis lui j'ai mené
une ombre, avec laquelle j'ai cru que je ne
passerois jamais jusqu'à l'autre bord.

CATHERINE.

Quelle est-elle? et comment se peut-il
que depuis FRÉDÉRIC.......

CARON.

Souviens-toi qu'en te parlant des droits
du Génie, je t'ai dit que les premiers de
tous appartenoient à la vertu... tu vois ma
mine un peu sinistre....eh bien! j'ai tant
pleuré, en conduisant l'Ombre dont je te

parle , que deux fois j'ai manqué d'aborder ,
parce que l'abondance de mes larmes m'em-
pêchoit d'appercevoir le rivage.

CATHERINE.

Ah, pardonne ! c'est Louis XVI...... et
quel autre que lui auroit arraché des pleurs à
l'impitoyable CARON ? hélas! tu n'as pas été
plus sensible que moi à sa mort, et s'il eût
dépendu de CATHERINE..... tu sais ?

CARON.

Que tu n'es pas du nombre des souverains
qui ont joui de ses malheurs, et desiré d'en
profiter ; il me l'a dit.

CATHERINE.

J'aime à penser qu'en mourant il a du
moins emporté cette idée... Mais si la vertu
et le génie ont encore un si grand prix dans
ce sombre empire, la science, l'esprit, la
valeur, y sont-ils donc comptés pour rien ?

CARON.

Non ; mais ces titres ne sont pas suffi-
sans pour charger complettement ma barque. Avec ces qualités, sans doute, on a
déjà un très-grand poids ; et s'il se présente quelques personnages qui les aient
possédées, je les fais attendre, jusqu'à ce
que je puisse les réunir à l'ombre qui leur
a le plus aidé à mériter leur célébrité. C'est
ainsi que j'ai passé ensemble Auguste et
Virgile, Henry IV et Sully, Pierre-le-
Grand et son fidèle Lefort.

CATHERINE.

Et tous ces monstres, qui, à force de
crimes, ont mérité leur funeste célébrité ?

CARON.

Je ne les juge pas ; mais, de peur de
retarder d'un instant leur juste supplice, je
ne les fais jamais attendre. Ceux - là sont
toujours les premiers dans ma barque, et
ne cessent ordinairement, pendant leur pas-

sage , de me parler philantropie et vertu.

CATHERINE.

Pardonnez , mais je serois bien-aise d'apprendre que leurs forfaits du moins n'ajoutent aucun poids à leurs ombres.

CARON.

Je le voudrois aussi ; mais ce n'est que devant l'incorruptible Minos que s'évanouit tout prestige... Le crime heureux, divinisé sur la terre , réparoît à son tribunal avec toute sa difformité.... Jusqu'à lui les illusions accompagnent encore les ombres , et la fortune semble tout justifier... Mais ce n'est pas assez que d'avoir été coupable , il faut avoir réparé. C'est à Auguste que j'ai passé les proscriptions d'Octave ; et si j'ai pardonné à Semiramis la mort de Ninus, c'est qu'elle l'avoit effacée par quarante ans consécutifs de gloire.

CATHERINE.

Quand on a porté aussi long-temps une

couronne, on a bien des droits à ton indulgence ; eh ! qui n'a pas expié ses fautes sous la charge d'un pareil fardeau ?

CARON.

Je te l'ai dit ; j'admire, et Minos juge... Mais souviens-toi qu'il est sensible à la gloire, et qu'il se laisse toucher par le repentir qui a précédé la mort... Les hommes abusent un peu trop de cette idée, et croient pouvoir réparer un jour leurs fautes, comme si presque tous, capables de commencer par crime, ne se trouvoient pas sans courage le pour finir par la vertu.

CATHERINE.

L'histoire ne compte qu'un Auguste, et nous avons des Cromwell et des Robespierre.

CARON.

Tu me rappelles ce que je me suis permis de faire pour ce monstre ; c'est la seule fois que j'aie devancé les arrêts de Minos...

J'avois dans cette barque , à ta même place ;
une jeune princesse , dont la douceur et
les grâces étoient les moindres qualités. En
vain j'employois toutes mes forces pour l'arracher des bords dont nous sommes partis ,
et j'allois y renoncer peut-être , quand le
malheureux, dont tu me parles , m'a servi
lui-même de moyen pour y parvenir.

CATHERINE.

Quoi ! tu passas dans la même barque
l'assassin et avec sa victime !

CARON.

Oui ; mais je le forçai à ramer jusqu'à
l'autre rive , pour qu'il sentît du moins que
l'innocence est un poids immense , dont le
crime est tôt ou tard accablé.

CATHERINE.

Mais quelle est cette foule d'ombres que
je vois accourir sur ces bords ?

CARON.

Ce sont, comme toi, des ombres cu-

rieuses. Elles voient si rarement ma barque
chargée par une seule personne , qu'elles
viennent sans doute te rendre hommage et
t'admirer.

CATHERINE.

Me rendre hommage !... ah , CARON !
ne me rappelle plus ces mots dont on a
tant abusé auprès de moi ! l'heure du men-
songe ne doit plus sonner pour CATHERINE...
elle attend en tremblant celle de la vérité.
Qu'importe qui je suis à ces ombres ? elles
n'ont plus de faveurs , de grâces, d'honneurs
à mendier sur mes pas.

CARON.

Aussi l'accueil qu'elles vont te faire , étant
le premier qui soit désintéressé , se trouvera
le plus flatteur. Ces gens-ci n'ont rien à
attendre de ta puissance ; quant aux autres, ne t'en mets pas en peine ; ils sont
rangés autour de ton successeur qu'ils ob-
servent ; et , partagés entre l'espérance et

la crainte, ils songent bien plus à lui qu'à toi-même.

Le Nautonier et l'Impératrice, que cette dernière phrase avoit rendu rêveuse, achevèrent dans le silence le court trajet qui les séparoit du bord. Je te remercie, dit CATHERINE, avec une noblesse que son ombre avoit conservée, et qui avoit appartenu encore moins à son rang qu'à sa personne. Je pourrois, ainsi que nous autres souverains, accoutumés à mieux payer de petits soins que de grands services, te promettre par habitude... mais ici il n'y a plus d'avenir ni de retour. — Non, dit CARON, et je te dispense de ces récompenses de cour; la reconnoissance meurt où l'espérance vient de s'éteindre, et je n'en ai jamais attendu de ceux que je ne puis servir qu'une fois. Adieu, je te quitte et retourne chercher les ombres qui sont à l'autre rivage, bien sûr que de long-temps ma barque ne portera une femme telle que toi.

Flattée de ce brusque éloge, et moins effrayée d'aborder un pays où la louange n'étoit pas inconnue, l'ombre de CATHERINE s'avance sur la plage, entourée d'une foule respectueuse à laquelle les adieux de CARON en avoient déjà imposé. Où conduisent ces différentes routes, demanda-t-elle avec douceur et dignité ? A ces deux portes, répondit une ombre, ce sont celles du Tartare et de l'Elysée. Il ne nous est pas encore permis d'en prendre le chemin, ajouta-t-elle, comme pour arrêter CATHERINE, qui sembloit vouloir franchir l'espace qui l'en séparoit. Sur la terre, on se presse de condamner les Mortels ; ici, l'on attend pour les juger, parce qu'on croit que le temps seul est le père de la vérité. Aussi les arrêts des hommes sont-ils incertains et passagers, tandis que ceux de MINOS, EAQUE et RHADAMANTE, sont justes et éternels. — Eternels, répéta CATHERINE. . . . quel mot effrayant ! — Oui, si l'on songeoit toujours à la vie ; mais ce fleuve, qui est entre ces deux portes et nous, c'est le Léthé ; nous n'avons pas encore traversé son onde, et si nous tenons trop à des souvenirs, ce n'est qu'au-delà que nous saurons apprécier à sa juste valeur cette existence à laquelle nous avons attaché trop de prix. — Eh ! que faire donc, jusqu'au moment où nous boirons de ces eaux consolantes ? — Attendre, répondit l'ombre, ce qui répugne tant aux Mortels, et jouir de la satisfaction de retrouver non-seulement ceux avec lesquels nous avons vécu, mais encore leurs pères. — Leurs pères ! s'écria Catherine... quoi ! ils ne sont pas encore jugés !... et que fait donc Minos sur son tribunal redoutable ? — Il s'occupe des ombres de l'autre siècle, et n'admet pour prononcer ses arrêts qu'un seul témoin qui ne soit pas récusable, et ce témoin est la postérité. — Ainsi, dit Catherine, Pierre-le-Grand, Frédéric, Gustave... — sont encore dans ces bosquets que tu apperçois près d'ici, et où les rois ont seuls le droit de se rendre. --- Il me sera donc permis de m'en approcher, reprit l'Impératrice, en s'avançant de ce côté. --- Non-seulement à titre de souveraine, lui répondit l'ombre, qui la reconnut à cette demande, mais encore à titre de GRAND ROI.

A peine l'ombre qui accompagnoit CATHERINE eût-elle prononcé ces mots, qu'une foule innombrable vint se jeter sur le passage de l'Impératrice, et l'accompagner jusques aux bosquets des rois ; et quoique ces vapeurs légères fussent loin d'être aussi bruyantes que lorsqu'elles étoient attachées à des corps, un bourdonnement, tel qu'on n'en avoit jamais entendu peut-être sur ces silencieux rivages, annonça aux royales ombres l'arrivée de leur illustre sœur.

Plus empressé et toujours plus ardent que tous ses rivaux, PIERRE-le-GRAND, qui, au reste, avoit tant de droits à recevoir le premier CATHERINE, s'avança au-devant d'elle ; et cette princesse , oubliant qu'elle étoit une ombre , voulut se précipiter dans ses bras. Ma fille , lui dit le fondateur de la moderne Russie, si ces épanchemens des Mortels ne sont plus faits pour nous , nos ames du moins, ici comme sur la terre , sont dignes toutes deux de s'entendre. Si j'en crois tous ceux qui m'ont parlé de toi , comme tu vas justifier mon impatience ! viens loin de la foule qui nous assiège, j'ai besoin de te parler de ma patrie ; soixante ans ni la mort n'ont pu me la faire oublier un moment , et il me tarde bien d'apprendre jusques à quel point tu as moissonné dans ce vaste champ de gloire, qu'il sembloit que j'avois défrîché pour toi. --- En disant ces mots , PIERRE, avec un ascendant que seul il pouvoit prendre sur CATHERINE, l'arracha à tout ce qui l'entouroit ; et, s'enfonçant avec elle dans une allée écartée , il commença ainsi le dialogue suivant :

DIALOGUE PREMIER.

PIERRE LE GRAND et CATHERINE II.

PIERRE.

J'AI souvent entendu parler de toi, ma fille; mais forcé de rester en ces lieux, et ne pouvant dans ces bosquets parler qu'à des rois, j'ai plus appris à connoître les traités et les manifestes que tu as faits, que les édits que tu as rendus pour le bonheur de tes peuples.

CATHERINE.

Ainsi, tu ne leur auras pas toujours entendu faire mon éloge?

PIERRE.

Non, sans doute, et chacun d'eux ne t'a jugé que par sa politique; mais il est des réputations qui survivent aux petites haines , et la tienne est, dit - on, de ce nombre. Le bon ACHMET m'a glissé à l'oreille que , sous les dehors de la modération, tu étois insatiable ; GUSTAVE III m'a fait entendre que tu l'avois trompé plus d'une fois ; LÉOPOLD a plaisanté devant moi quand on parloit de ta philantropie , et FRÉDÉRIC s'est bien permis de sourire en t'entendant appeler un *grand Roi :* mais l'enthousiaste JOSEPH a toujours renchéri sur tous les éloges , et ces divers souverains ont été d'accord pour me dire que tu m'avois recommencé auprès de ce peuple que j'ai tiré de la barbarie.

CATHERINE.

Un bloc sauvage , que tu avois ébauché avec tant de difficultés et de courage , méritoit sans doute encore quelques coups de ciseaux... J'ai osé le donner, et suivre un si beau modèle.

PIERRE.

Ainsi mes asiatiques et barbares sujets

sont devenus des Européens civilisés

CATHERINE.

Ils en ont les loix du moins, et n'en au-ront que trop tôt les mœurs. Entraînée par l'impulsion que tu as donnée à ton pays, et forcée de le rapprocher de cette Europe dont les arts ont excité ton envie, je n'ai pas été maîtresse d'examiner si tu avois travaillé plus à ta gloire qu'au bonheur réel de tes sujets ; et, ne pouvant reculer vers nos anciens usages, j'ai cherché à aller au-devant de ceux qu'il est si dangereux de n'imiter qu'à demi.

PIERRE.

Quoi, ma fille ! tu pourrois croire que les Russes, cessant un jour de me bénir, regretteroient la superstition et l'ignorance à laquelle je les ai arrachés ?

CATHERINE.

C'est une question que je n'ai jamais eu

l'air de laisser agiter devant moi , mais que bien souvent je me suis faite. Si l'on lisoit trop loin dans l'avenir , on hésiteroit à entreprendre , et le présent y perdroit tous les efforts qui peuvent l'améliorer ; mais peut - être nos sujets en sauront - ils un jour beaucoup trop pour des Russes , et leurs souverains pas assez pour des Européens corrompus.

PIERRE.

Tant pis pour eux , s'ils font un mauvais usage des lumières que je leur ai apportées..... Ma fille , quel est le bien sur la terre dont on ne puisse pas abuser? Mais avant de jeter nos regards vers cet horizon , qui , si j'en crois ceux qui arrivent ici chaque jour, se couvre de plus en plus de nuages ; parlons de mon peuple et de tout ce que tu as fait pour lui.

CATHERINE.

N'ayant pas le choix de revenir snr les

vastes plans qui font tant d'honneur à ton génie, j'ai profité de la différence des temps pour les exécuter, et j'ose dire, pour les créer une seconde fois.

PIERRE.

Quoi ! les trente - huit ans qui se sont écoulés depuis ma mort jusqu'à toi, n'ont pas suffi pour développer ces plans, dont j'avois avancé la maturité à force de soins, de patience et de courage ?

CATHERINE.

Non ; ils n'ont servi qu'à faire rétrograder la Russie. Mon père, une nation ne ressemble pas à une plante dont, avec un peu d'art, on hâte la végétation. C'est au temps seul à l'imprégner de ces nouvelles idées ; qu'un monarque ordonne bien de croire, mais que la raison et l'habitude ont seules droit de persuader....... Convaincue de l'utilité de tes vues, et sur - tout de la gloire qui en rejaillissoit sur ton nom , tu

as cru qu'il ne s'agissoit que de concevoir
en un grand - homme , et de commander
en Czar ; mais tu as fait trop d'honneur à
ton pays , et il n'a pu marcher vers son
but du moment où il a perdu son guide ;
pour exécuter les projets de Pierre, il falloit être Pierre lui-même ; et tes successeurs , effrayés du fardeau , faute d'un
levier tel que ton génie , n'ont pas osé le
soulever.

PIERRE.

Ainsi, tous ces beaux rêves de ma vie se
sont dissipés avec moi !

CATHERINE.

Non ; mais il m'a fallu , pour ainsi dire ,
les retirer tous de l'oubli ; et le long espace
qui s'est écoulé depuis , ayant été employé
à se disputer ce trône , dont tu n'as pas
assez clairement désigné le véritable pos-
sesseur , tes successeurs ont passé à se main-
tenir le temps qu'ils n'ont pu donner à
régner.... Mais heureusement pour ce pays

auquel tu ne voulois pas faire un don funeste, que le despotisme l'a sauvé quatre
fois de l'anarchie, et que sa soumission
aveugle l'a préservé des malheurs incalcu-
·lables qui accablent une nation, quand, née
pour l'Etat monarchique, elle a une fois
interrompu la longue chaîne de ses légiti-
mes souverains.

PIERRE.

Ma tendresse, ma reconnoissance pour
une femme que j'ai tant aimée, m'ont entraîné au-delà de la justice.... L'hérédité est
la sauve-garde de tous les empires. LEFORT,
qui ne m'a jamais trompé, me l'avoit répété
souvent ; mais MENZIKOFF, les charmes de
CATHERINE, ma reconnoissance des dangers
dont son courage et son esprit m'avoient
tiré, tant de raisons ou d'illusions, pour
mieux dire, ne me permirent pas de prononcer l'exclusion de celle que j'avois déjà
couronnée.

CATHERINE.

Du moment qu'une nation a de l'incerti-
tude sur celui qui doit la gouverner, que
de gens ont le droit d'y prétendre, et que
d'intrigans pour les y encourager!

PIERRE.

Oui, sans doute, et, comme législateur,
j'ai commis une grande faute ; mais tu sais
quel fils le destin m'avoit donné, et tu
pardonneras peut-être une erreur qui t'a
valu une couronne.

CATHERINE.

Ah, PIERRE! ce n'est pas à moi à pardonner..... J'aurois aimé à tenir le pouvoir
suprême de la nature ; mais, obligée de
l'arracher à la fortune, je l'ai séduite, d'abord
et bientôt après je l'ai domptée. Tu le sais,
je ne suis montée sur le trône que pour n'en
être pas renversée ; et si j'ai remporté une
victoire, dont le souvenir m'a coûté plus

d'un remords, trente - quatre ans de clémence et de justice sont le seul abus que
je me sois permis d'un jour d'audace et de
bonheur.

PIERRE.

Ainsi, tn n'as pas gouverné les Russes
avec le *Knout* et l'appareil des supplices?

CATHERINE.

J'ai mieux fait ; je les ai délivrés de cet
arbitraire, qui rend odieux sans rendre
puissant ; c'est aux loix que j'ai abandonné
les coupables, et, renonçant pour mes successeurs et pour moi aux fonctions des bourreaux, je ne me suis réservé que le droi
de faire grace, le plus précieux de la sou-
veraineté.

PIERRE.

Ma fille , tu as vaincu par le courage et
conservé par la sagesse, je n'ai plus qu'à
te louer ; mais dis-moi comment tu as osé
donner

donner aux Russes ce code dont tous ces rois m'ont parlé, et que toute l'Europe admire ?

CATHERINE.

En bravant un peu l'opinion et cette nuée de réclamans, qui, dans tous les pays, s'élève contre le bien, parce que le désordre est leur élément. Mon prédécesseur, en ôtant à des moines ignorans leur prépondérance, m'avoit préparé tous les moyens d'innover, sans crainte des réclamations qui si long-temps furent un obstacle à tes desseins. J'en profitai avec adresse; l'odieux d'une mesure tyrannique retomba sur lui, l'avantage en fut tout entier pour moi; et les *Popes*, trop peu riches pour s'occuper désormais d'autre chose que de leur saint ministère, ont laissé les superstitieux Russes adopter des loix, qui pour eux sont autant de bienfaits. Non - seulement j'ai su consulter avec prudence, juger avec sagacité et choisir avec sagesse , mais j'ai voulu *fortement* ; et si c'est la vertu la plus nécessaire aux hommes , c'est sur-tout celle sans laquelle les rois ne peuvent régner. Te l'avouerai-je , à toi mon héros et mon guide ? C'est à l'horreur que m'ont inspiré ces exécutions barbares qui souillent nos annales , que j'ai dû le desir de limiter sur ce seul point ma puissance. Pour essayer jusqu'où ton peuple pouvoit être gouverné par la justice , j'ai aboli , dès mon avènement au trône, l'usage barbare de cette *question* qui arrachoit à l'innocent les mêmes cris et souvent les mêmes aveux qu'au coupable , et c'est en habituant doucement mes sujets à la clémence q ue j'ai osé les rapprocher de la raison.

PIERRE.

Tu as marché avec ton siècle , tandis qu'il m'a fallu en franchir tout-à-coup plusieurs pour arriver à mon but; mais crois, ma fille, que si j'ai quelquefois obscurci les vertus d'un législateur par les cruautés d'un Scythe, c'est que, dans une ame fortement trempée comme la mienne, l'amour de l'humanité dégénère souvent en fureur et en fanatisme...... Mais comment, en donnant des loix à tes sujets, as-tu pu tout-à-coup trouver dans ce vaste et sauvage Empire, des hommes assez éclairés pour les expliquer ?

CATHERINE.

C'est ce que j'ai tenté et ce que le temps seul achevera.... Je te l'ai déjà dit, mon père, le génie et la puissance réunis peuvent créer des prodiges, mais l'expérience est seule l'institutrice des nations.

PIERRE.

Quelle idée désespérante pour un législateur, que celle que tu m'offres ! il ne jouit donc jamais du bien qu'il essaie de faire ?

CATHERINE.

Pas plus que le vieillard de l'ombrage du chêne qu'il vient de planter ; mais il songe que ses petits-enfans se serviront de son abri contre l'orage, et cet espoir a bien son prix... L'architecte qui a dessiné un vaste édifice, le voit rarement s'élever tout entier ; nous avons beau entreprendre et faire, un long règne n'est qu'une portion de la vie, et la vie d'un souverain est trop courte pour concevoir, exécuter et jouir.

PIERRE.

Ainsi, point de sages réformes, de grandes idées dans une Monarchie, sans le concours de plusieurs générations de rois, également dignes de les suivre et de les diriger?

CATHERINE.

Sans doute ; c'est la suite dans les plans qui mène à la prospérité, et non ces accrois-

semens rapides qui sont bien plutôt l'hydro-
pisie des Etats que leur embonpoint. Les
règnes glorieux appartiennent plus qu'on ne
pense à ceux qui les ont précédés , témoin
celui de Louis XIV , dont Richelieu causa
la grandeur, celui de Frédéric préparé par
la prévoyance de son père, et le mien qui
sans toi n'eût pas existé.

PIERRE.

Je me plais à le penser , ma fille , et
n'en déplore pas moins cet orgueil de l'ignorance, qui bouleverse ce qu'elle n'a pas la
force de concevoir ou d'exécuter. Ce sont-
là cependant les dangers de cette hérédité
que tu me vantes ; elle ne cause point ces
secousses qui ébranlent en détruisant, mais
elle laisse dégrader et périr.

CATHERINE.

Ces inconvéniens sont ceux de la nature,
et les hommes sont fous toutes les fois
qu'ils aspirent à être plus sages qu'elle. Mais

en disséminant, pour les éviter, le pouvoir sur autant de têtes que de passions et de volontés, crois-tu que l'on y remédie? Plus il y a d'hommes qui se mêlent de gouverner, et plus les erreurs, attachées à notre foible espèce, se multiplient et se reproduisent. On compte dans les monarchies les renversemens, les changemens de places, par règnes, ou du moins par ministres; mais, dans le régime qu'il plaît aujourd'hui d'appeler *Démocratie*, c'est par individu, c'est par jour, et ce sera bientôt par heure qu'il faudra dater ces bouleversemens dangereux.

PIERRE.

Ah! ma fille, ne me parle pas de cette anarchie, qu'ils ont cherché à m'expliquer, et que je ne puis même pas concevoir. Revenons à ce peuple dont j'ai desiré la grandeur, et parle - moi de cette marine que j'avois fait sortir du néant?

CATHERINE.

Je l'ai trouvée bien prête à y rentrer,
tant il est vrai que tout effort pour dompter
la nature a besoin d'un grand courage et
d'une longue patience pour réussir.

PIERRE.

Ainsi ces ports, ces chantiers, ces vaisseaux ont été abandonnés, et mes pénibles
travaux perdus !

CATHERINE.

Non, j'ai respecté ton idée favorite, et
j'ai suivi celui de tes plans qui me promet-
toit le plus de célébrité. Mais, dans un
vaste Empire qui n'a qu'un port sur l'Océan,
et à peine quelques côtes inhabitées sur des
mers dangereuses, comment prétendre à
devenir une puissance maritime ?

PIERRE.

Quoi ! le pays qui possède le plus en abondance tout ce qui sert à la construction et

anx agrès des vaisseaux , celui qui fournit tous les chantiers de l'Europe.... !

CATHERINE.

N'a pas encore tout ce qui fait des armées navales , du moment qu'il manque de marins. Si ta persévérance a enfanté des prodiges, bâti des villes , creusé des canaux , créé des ports, elle n'a pas fait naître des hommes ; et , sans la population , des moyens forcés ne produisent jamais que de médiocres avantages.

PIERRE.

Mais le commerce qui alimente la navigation , qui aguerrit le matelot , qui le forme pendant la paix , qui l'habitue et le prépare à servir pendant la guerre ?.....

CATHERINE.

Le commerce est encore un beau rêve quand il ne pose pas sur la richesse du sol et sur l'industrie de ses habitans. PIERRE , avec une hache et du génie, on parvient à faire un vaisseau ; mais le *mieux* trop prématuré est l'ennemi du *bien*, qui ne peut naître que lentement. Comme toi j'ai été enivrée de cette gloire qui éblouit souvent, et égare presque toujours, et j'ai passé ma vie à combattre des chimères que je n'ai pu renverser..... Mais, en te parlant avec complaisance des efforts que j'ai osé faire, pour donner en moi un second PIERRE à la Russie, je ne dois pas oublier de t'avouer les fautes que m'a fait faire cet amour de la célébrité, que j'ai poussé souvent jusqu'à l'idolâtrie. Puissante et belle, mes courtisans m'ont divinisée ; instruite et protectrice des talens et des arts, les savans, les hommes de lettres m'ont accablée de louanges, et si je n'avois eu un caractère à l'épreuve d'une adulation aussi dangereuse, je crois que DIDEROT, D'ALEMBERT et VOLTAIRE auroient achevé de m'aveugler.

PIERRE.

Mais, ma fille , tu me parles de réformes , de loix.... Qu'est donc devenue cette
noblesse qui faisoit trembler mes prédécesseurs, et qu'à peine j'ai pu contenir.

CATHERINE.

Tu la fis trembler , j'ai mieux fait ; j'ai
su l'amollir. Sans abattre comme toi des
têtes , moyen qui répugnoit à mon caractère , j'ai sapé tous ces colosses de puissance
qui embarrassoient et entravoient tes pas ,
et le luxe et les plaisirs de ma cour m'ont
plus servi pour dominer , que l'appareil du
despotisme n'a pu te faire craindre.

PIERRE.

Quoi ! ces *Knoès*, ces *Boyards* grossiers
et farouches , si attachés à leur barbe , à
leur large cimeterre et à tout le costume
asiatique que je ne pus leur faire quitter....!

CATHERINE.

Je les ai tous vus à mes pieds , n'ayant

plus d'autre volonté que la mienne, d'autre desir que celui de me plaire.... Transformés par moi en courtisans soumis et habiles, je leur ai laissé passer leur vie à intriguer dans ma cour, au lieu de conspirer dans mon empire ; et si, pour les retenir, il m'a fallu employer quelque adresse, des honneurs, des plaisirs, des cordons et des fêtes, ont été les seules chaînes dont j'aie cherché à les charger.

PIERRE.

Ainsi donc ce grand arbre, qui couvrit de ses rameaux l'Europe entière, la féodalité est renversée de toutes parts ?

CATHERINE.

Oui, et c'est peut-être encore une faute que tous les souverains ont faite à la fois. Pour n'avoir plus autour d'eux de ces sujets inquiets, capables quelquefois de leur contester leur puissance, ils se sont mis à la merci des peuples qui renversent au lieu de contester ; et ils ont oublié que si ces grands vassaux étoient par fois embarrassans à soumettre, ils avoient plus souvent servi d'étaie à bien des trônes, qui sans eux se seroient écroulés.... Mon père, c'est l'amour de dominer sans partage qui amène presque toujours la décadence des pouvoirs... Et le desir d'avoir des monarchies sans noblesse, desir, qui, depuis deux siècles, est celui de presque tous les souverains, pourra coûter bien cher aux successeurs des princes ingrats auxquels on l'a inspiré.

PIERRE.

Mais, ma fille, comment ces rois ont-ils pu abattre un corps qui sembloit se lier tellement à leur trône qu'il en formoit le premier soutien ?

CATHERINE.

En l'énervant par un ordre d'hérédité, qui, sous l'apparence d'une égalité chimérique, laisse chaque famille sans protecteur, et presque tous les individus sans fortune. Une fois les grands fiefs brisés par ces partages, le luxe et les plaisirs ont achevé, et les petits-fils de ces princes qui avoient autrefois des cours, se sont estimés trop heureux de venir mendier à la mienne quelques secours que je savois leur faire attendre, et que je leur donnois de façon à les tenir toujours sous ma dépendance.

PIERRE.

Que ces mesures ayent eu leur danger dans d'autres pays, c'est ce que je ne puis juger ; mais, dans un état dont il falloit changer les loix, elles étoient toutes nécessaires. Ainsi, ma fille, tu as beau me parler de fautes, plus je t'écoute et plus j'admire un règne où tout me semble frappé au coin de la véritable grandeur.

CATHERINE.

Et c'est cette grandeur à laquelle j'ai songé sans cesse, qui peut-être m'a trop fait éloigner du chemin, moins brillant mais plus sûr, qui conduit un peuple à la prospérité. Placée à l'une des extrémités de mon empire, j'ai négligé cet intérieur que tu n'as pas plus aimé que moi; et si j'ai obtenu l'honneur de passer pour t'avoir imité sans cesse et quelquefois égalé, c'est peut-être dans tes fautes même que je t'ai ressemblé davantage. A présent que la vérité se présente à mes yeux dépouillée de prestiges, je reconnois qu'il ne suffit pas toujours d'en imposer à ses voisins par des succès; qu'il vaut mieux être heureux dans ses foyers que formidable à ses frontières ; et que la prépondérance politique que l'on arrache par des victoires et des traités, ne vaut pas cette estime que l'on obtient par un état de splendeur, parce que la confiance l'emporte à la longue sur l'admiration, qui n'est qu'un sentiment passager..... Pour régner sans partage, et dominer ces grands qu'il m'auroit fallu redouter dans leurs vastes domaines, j'ai introduit dans ma cour le luxe asiatique et l'élégance européenne, et j'ai ruiné le trésor public pour renverser la fortune des particuliers.

PIERRE.

Mais, comment ces marais, où je vivois dans une cabanne, ont-ils pu devenir le séjour des plaisirs ?

CATHERINE.

A force d'art, et sur-tout à force de richesses. Dans cette même place où GALLITZIN et MENZIKOFF te servirent de compagnons, et buvoient souvent avec toi, dans un lieu public, l'hydromel que tu versois au peuple qui t'entouroit, moi j'ai donné des fêtes qui ont surpassé en magnificence ces Carousels de Louis XIV que tu avois tant de peine à concevoir. C'est au sein même de ces frimats, qui plus d'une fois étonnèrent et ne purent glacer ton courage, que, m'entourant d'un printemps perpétuel, j'ai créé un climat pour moi seule, vaincu la nature étonnée, et formé dans les appartemens de mon palais des jardins, moins grands peut-être, mais bien autrement délicieux que les fameuses terrasses, élevées par cette Sémiramis, que quelques adulateurs ont souvent nommée devant moi, la Catherine de l'Asie.

PIERRE.

Ainsi donc ce lieu sauvage, où, à force de courage et de constance, mes fidèles compagnons, sans autres instrumens que leurs bras, ont jeté les fondemens d'une ville.....

CATHERINE.

Est devenu une capitale digne de porter le nom de son fondateur. Mais pour attirer le commerce, pour en forcer la population, il a fallu ruiner Archangel, appauvrir Nowogorod, faire un désert de Moskow, et, pour créer à l'extrémité de l'empire une

ville

ville commerçante , anéantir ou retarder du moins les progrès de l'agriculture dans vingt provinces totalement négligées. PIERRE , voilà les fautes qui nous sont communes ; le souvenir de ton nom , le desir d'achever tes plans , l'orgueil d'être la seconde fondatrice de ta ville chérie..... le dirois-je ? la vanité de faire voir à l'Europe une femme comblant l'intervalle de quarante ans de règne , tous sans plan et sans vigueur , tant de prestiges ont pu m'éblouir , et des erreurs, qui ont été les tiennes , ont bien eu le droit de m'égarer ; mais , ce que tu aurois évité sans doute , ce sont ces guerres qui ont moissonné mes sujets , et cet excès de magnificence qui a jetté mes finances dans un délabrement sans exemple pour un pays, qui, dans son intérieur , n'a éprouvé aucune secousse , et qui au dehors n'a eu que des succès.

PIERRE.

Ma fille', quand on veut , avec des moyens bornés , exécuter de grandes choses , l'ordre et l'économie font plus que le courage et la vanité..... Quand je donnois une marine à mes sujets, c'est en matelot que je vivois, et c'étoit comme marin que je leur donnois l'exemple. Quand je formois cette compagnie, devenue le noyau d'un de tes meilleurs régimens, et bientôt d'une des plus belles armées du monde, je n'étois, comme mes compagnons, qu'un soldat de LEFORT, mon maître et mon capitaine. Je n'aurois pas couvert mes chantiers de vaisseaux, dans un pays qui avoit à peine quelques frêles barques, si, la hache à la main, je n'eusse montré cet art de construire dont j'avois été prendre des leçons à SARDAN. C'est à ces encouragemens que j'ai dû les grands efforts que j'ai fait faire, et *Maître Pierre*, le charpentier, a bien autant mérité que le vainqueur de *Pultava*, les honneurs que l'on a rendus à ma mémoire.... Ma fille, j'ai été passionné pour la gloire, mais j'ai toujours pensé que ce n'étoit pas au sein des délices qu'elle devoit venir me trouver.

CATHERINE.

Tu défrichois, PIERRE, et moi j'avois à cultiver.... Tu cherchois l'admiration de tes contemporains, et cette admiration venoit me chercher. Je te l'ai dit : je suis montée sur le trône avec audace, je m'y suis assise avec grâce, et maintenue avec grandeur ; mais j'ai régné en femme de génie, et non en héros tel que toi...Mon pays, accoutumé au régime doux, mais languissant d'ELISABETH, ainsi qu'à la foiblesse de toutes ces princesses qui ont régné depuis toi, m'a su gré d'allier à l'humanité de ta fille la fermeté de son père, et j'ai été idolâtrée dès l'époque même où il auroit suffi de m'encourager.

PIERRE.

Mais comment avec les ressources d'un pays immense, qui produit tout ce qui est nécessaire à la guerre et utile à la navigation, as-tu pu jetter dans tes finances ce désordre dont tu me parois effrayée ?

CATHERINE.

En abusant, avec une facilité bien coupable, de cette ressource des grands empires, qui, du moment qu'elle cesse d'être un remède, se tourne en un poison mortel.

PIERRE.

Quelle est-elle, ma fille ?... ne tarde pas à me faire connoître ce poison dangereux.

CATHERINE.

C'est celui qui tue l'Europe aujourd'hui. Le papier y remplace le numéraire, et trompe par la funeste facilité de créer des richesses chimériques. Au moyen de ce papier magique, j'ai attiré à moi tous les fruits de l'industrie, et pompé toutes les richesses de mes états ; mais j'ai fait à la Russie une plaie profonde, dont elle aura bien de la peine à se guérir.

PIERRE.

Et que sont devenus ces impôts, sur lesquels j'avois assis toutes mes dépenses ?

CATHERINE.

Je les ai quadruplés, et ils n'ont pas suffi à toutes mes prodigalités.... Peu effrayée d'entendre bourdonner des plaintes qui ne pouvoient arriver jusqu'à moi, j'ai provoqué au loin toutes les trompettes de la renommée, et j'ai payé, pour entretenir l'Europe de mes largesses, bien plus qu'il n'en auroit fallu pour occuper mon peuple de mes bienfaits.....

PIERRE.

Mais le commerce, qui a fait circuler les richesses, n'a donc pas multiplié tes ressources comme je l'avois imaginé ?

CATHERINE.

Obligée, en formant une dette aussi immense que celle que j'avois contractée avec

mes sujets, de leur donner une hypothèque,
je n'ai pu faire de sages réformes que l'on
m'avoit conseillées, et diminuer le gage que
mes créanciers ne regardoient déjà qu'avec
trop d'inquiétude. Ainsi j'ai conservé ces mo-
nopoles désastreux qui paralysent l'industrie, et coupent dans leurs racines les plus
profondes, toutes les branches de commerce
qui tenteroient de s'élever.

PIERRE.

Mais, ma fille, ces palais que tu as élevés,
ces fêtes, ces jardins voluptueux, ne peuvent
avoir ruiné l'empire le plus puissant de tout
l'Univers ?

CATHERINE.

Dites *le plus grand*, mon père.... qu'importe, dans un siècle où l'argent est le nerf
de la guerre et l'aliment de l'activité de toutes
les nations, qu'importe cette étendue de ter-
ritoire qui énerve les forces, disperse les ressources, et ne sert qu'à disséminer la puis-

sance. L'Europe n'est plus la dupe aujour-
d'hui de cet étalage de provinces dont elle
sait apprécier la juste valeur ; il n'étonne que
les géographes, il n'effraie ni les cabinets ni
les Rois...... C'est dans la discipline de ses
armées, c'est dans l'espèce de ses soldats ,
c'est dans sa situation même que la Russie
doit trouver sa force politique, et non dans
ces déserts de l'Asie qui ne lui ont jamais servi
que de vastes prisons. Si l'empire que j'ai
gouverné étoit jamais resserré dans un moins
grand espace, les Russes, rapprochés des
sources du commerce, concentrés dans moins
de provinces, et sur-tout forcés à plus d'industrie, en deviendroient bien plus heureux.
C'est à les rendre actifs et riches; c'est à les
encourager à s'adonner à l'agriculture, à dé-
cupler leur population, que leur gouvernement doit s'attacher. C'est dans leur pays
qu'ils trouveront des champs fertiles , des
forêts immenses, des rivières faciles à rendre
navigables, des mines de tous les genres à

exploiter, des richesses réelles enfin, et non pas toutes ces chimères de grandeur, qui font la gloire d'un règne, et presque toujours le malheur d'un peuple.

PIERRE.

Ainsi, ma fille, occupée sans cesse à tirer parti des ressources de ton empire, tu t'es bien gardée d'augmenter par des conquêtes tes domaines, déjà trop vastes pour être bien gouvernés.

CATHERINE.

Je te dis ce que j'aurois dû faire, et il me reste à t'avouer ce que j'ai fait..... Loin d'adopter un plan si sage, j'ai dédaigné cette administration paternelle dont je sens à présent tout le prix, parce qu'elle ne pouvoit me conduire qu'à l'estime des Russes, et non à l'admiration de toute l'Europe. C'est pour l'obtenir cette admiration, qui n'est jamais un sentiment raisonné, et qu'on accorde bien plus à la fortune qu'à la sagesse, que j'ai sacrifié, avec une prodigalité sans exemple, l'argent de mes coffres, et le sang de mes braves soldats. Avide de gloire, insatiable de faire parler de moi, de remplir les gazettes, d'être louée par les écrivains les plus célèbres, de fatiguer enfin la renommée, j'ai préféré la guerre à la paix, les conquêtes aux améliorations, le commerce à l'agriculture, l'influence politique à la tranquillité intérieure ; et desirant rendre mon règne encore plus brillant que solide, j'ai aspiré, ainsi qu'ALEXANDRE, à faire de grandes actions, afin que les Athéniens s'occupassent sans cesse de moi.

PIERRE.

Ah ! sans doute le but principal de toutes ces guerres dont tu t'accuses aujourd'hui, aura été d'écarter ces Suédois incommodes, qui, si long-temps, m'ont détourné de mes desseins, et, à l'aide de ces braves dissidens Polonais, nos alliés, nos amis fidèles, tu auras vengé des affronts qu'une paix glorieuse ne m'a point fait oublier ?

CATHERINE.

La Suède n'a plus de Charles XII ; renfermée dans ses bornes naturelles, je n'ai eu qu'à la surveiller, et si je lui ai fait une guerre maritime, mon but a été bien plutôt d'aguerrir et de former mes marins, que d'effrayer une nation, plus familiarisée encore que la mienne à un élément que tu lui as fait conquérir.

Quant à cette république, dont tes ancêtres ont été tour-à-tour les protecteurs et les vassaux, elle est en partie enclavée dans mon empire, et tes successeurs règnent à présent depuis la grande muraille jusques aux bords de la *Vistule*.

PIERRE.

Quoi, ma fille ! ce pays dont la constitution vicieuse nous assuroit la dépendance entière, et qui sembloit être chargé pendant la guerre de nourrir nos armées, et de nous fournir de soldats.......!

CATHERINE.

Il est devenu ce que devient tout état où l'esprit de parti l'emporte sur l'intérêt commun : il se laisse protéger d'abord, et bientôt après subjuguer.

PIERRE.

Ainsi, la protectrice de la Pologne a fini par l'envahir.... Mais du moins, en écrasant tes amis, tu n'as pas prétendu peut-être enrichir à leurs dépens tes ennemis naturels ?

CATHERINE.

Non ; je n'ai songé qu'à conquérir.... et le *Bug* , qui couloit jadis si loin de tes états, sert à présent de limites à trois monarchies, qui se repentiront un jour de s'être ainsi rapprochées.

PIERRE.

Et qu'a-t-on fait de cette politique qu'il me

semble que Guillaume III , Louis XIV ,
Eugene et moi , avions assez bien entendu... ?
Où en est l'étroite alliance de l'Angleterre et
de la Hollande , et quels sont les garans res-
pectables de cette paix de Westphalie , le
palladium de l'empire germanique ?

CATHERINE.

Crois-moi, ne cherche pas à apprendre où
en est l'Europe aujourd'hui. Quelque appau-
vrie que puisse être la Russie, c'est encore ,
avec le Dannemarck et la Suède, les seuls
pays dont on puisse s'informer sans trembler.
La Hollande , dont tu chéris le souvenir,
n'est pas même l'ombre de cette république puissante que tu as admirée ; l'Italie
est à moitié conquise, et aux trois quarts
ravagée ; l'Espagne n'existe que sous la pro-
tection de la France républicaine ; le petit-fils
de Louis XIV est l'allié des assassins de
Louis XVI, et, quant à l'empire germanique , il attend quel sera le prix de l'indiffé-

rence qu'il a témoignée pour cet équilibre, auquel de ton temps on attachoit un peu plus d'importance.

PIERRE.

Et toi, ma fille, tu as donné le funeste exemple de préférer l'aggrandissement momentannée des états, à la vraie considération politique........!

CATHERINE.

J'ai été séduite par un projet, qui, s'il n'a été qu'un beau rêve, étoit au moins un rêve digne de toi. Eblouie et entraînée par des succès éclatans contre les Turcs, j'ai voulu renverser leur empire, comme si les souverains devoient montrer aux peuples comment les trônes peuvent être abattus.

PIERRE.

Quoi! ces mêmes Ottomans, qui, le siècle dernier, menaçoient *Vienne*, et faisoient trembler toute l'Allemagne.......!

CATHERINE.

Ont tremblé à leur tour devant mes inven-
cibles bataillons, et m'ont laissé l'espoir de
couronner un jour, dans *Constantinople* mon
petit-fils, que j'ai nommé Constantin, per-
suadée alors qu'il seroit un jour le restaura-
teur de l'ancien empire de *Bysance*.

PIERRE.

Si la grandeur d'un pareil dessein peut lui
servir d'excuse, il faut se taire et l'admirer...
mais enfin où t'ont conduite ces guerres éter-
nelles?

CATHERINE.

A acheter bien cher l'honneur de promener
mon pavillon sur toutes les mers de l'Europe...
Si j'avois un peu moins écouté des courtisans
qui m'égaroient, j'aurois obtenu une gloire
plus solide; mais ils vouloient régner par moi,
je voulois m'illustrer par eux, et nous n'avons
trouvé que la guerre propre à servir de part
et d'autre nos ambitieux desseins.

PIERRE.

Ma fille, si j'apperçois quelques erreurs dans ta conduite politique, je ne puis m'empêcher de te les pardonner en faveur des grandes choses qui se succèdent si rapidement dans ton règne. Des escadres dans l'Archipel et sur la Baltique, des provinces conquises, de grandes puissances recherchant ton alliance, et redoutant ton inimité, une nation accoutumée à l'admiration, une armée bien disciplinée, des généraux familiarisés avec la victoire, que de titres pour racheter les erreurs que tu te reproches!

CATHERINE.

Aussi n'est-ce pas le jugement de la postérité qui m'inquiète, mais bien celui du redoutable Minos. Avec de l'éclat et de la gloire on parvient à séduire les hommes, mais ce n'est qu'avec des vertus et de la justice que l'on trouve grace devant le juge des enfers.

PIERRE.

Eh bien ! tu te présenteras à lui ton code immortel à la main....

CATHERINE.

Oui ; mais que lui répondre quand il me demandera compte de tant de milliers d'hommes immolés dans les murs d'*Ismaïlow*, *d'Oczakow*, et dans les faubourgs de *Varsovie....* ?

PIERRE.

Que les guerres les moins sanglantes sont peut-être celles où l'on a l'air de sacrifier le plus de soldats, et qu'étonner ses ennemis par de grandes victoires qui en imposent, est plus humain que de laisser détruire des armées par une suite de combats insignifians qui se renouvellent sans cesse.

CATHERINE.

Mais, que lui dirai-je, mon père, quand il m'accusera d'avoir négligé le commerce et abandonné l'agriculture ?

PIERRE

PIERRE.

Qu'une nation, qui passe tout-à-coup de l'état sauvage à l'état civilisé, ne peut voir, en si peu d'années, se former au milieu d'elle la classe laborieuse qui vivifie l'industrie.

CATHERINE.

Ainsi, tu crois que je pourrai me justifier d'avoir laissé dépeupler mes états, et dissipé mes trésors ?

PIERRE.

Non ; mais tu répondras qu'environnée de gens intéressés à te cacher la vérité, tes yeux de Linx, tout en la cherchant, n'ont pu toujours la découvrir ; que jamais plainte n'est parvenue à tes oreilles, sans que l'amour de la justice ne se soit réveillé dans ton cœur ; et que si entre ton peuple et toi l'ambition sembloit avoir entretenu à plaisir de la méfiance, ces inconvéniens ont été attachés à ton rang et non à ton caractère. Sûre de n'avoir desiré que le bien,

de n'avoir jamais ordonné ce qui est injuste,
permis ce qui est mal, encouragé ce qui
est tyrannique, toléré ce qui est criminel,
forte enfin de ta conscience, tu diras à ce
juge, qu'il ne t'appartient pas de redouter :
« J'ai ajouté de vastes provinces à mes
» Etats ; j'ai réuni la Courlande à la Russie,
» fait cultiver la Crimée, bâti des villes,
» embelli ma capitale, élevé au milieu d'elle
» un monument digne de son fondateur et
» de moi : j'ai aimé les belles-lettres, pro-
» tégé les arts, encouragé les sciences ; j'ai
» fait parcourir mon empire par des natu-
» ralistes, pour connoître le parti que l'on
» peut en tirer un jour ; j'ai fait exploiter
» des mines et des salines, facilité la na-
» vigation du *Don* et du *Volga*, achevé le
» canal de *Wishné-Voloshok*, protégé le
» commerce de la mer Caspienne, rétabli
» celui de la Chine, tenté le passé de l'A-
» mérique par le *Kamschatka*, vaincu le
» Turcs, commencé des établissemens sur

» la mer Noire, ranimé le commerce *d'Ar-*
» *changel*, remis *Cronstadt* en activité,
» la marine en honneur, fait construire des
» escadres, adouci la servitude, aboli la
» peine de mort, retranché la *question*
» d'un code plein d'humanité, respecté le
» clergé, toléré tous les cultes, accueilli le
» malheur, méprisé le crime triomphant,
» enfin, tout en aimant la philosophie, re-
» poussé avec horreur les prétendus philo-
» sophes, qui ont abusé de toutes les ver-
» tus pour commettre tous les forfaits....
» *Minos*, voilà mes titres à ton indulgence;
» juge à présent mes droits à l'immortalité,
» et ne sois pas plus sévère que cette na-
» tion, à laquelle je devois peut-être moins
» d'insouciance pour son bonheur, mais qu'il
» étoit impossible de couvrir de plus de
» gloire ».

A la suite de cet entretien, CATHÉRINE, un peu rêveuse, s'éloigna du CZAR, pour aller se livrer seule à ses réflexions ; mais à peine avoit-elle fait quelques pas dans ces bosquets, séjour du repentir tardif et des inutiles remords, où errent ensemble les ombres des maîtres de la terre en attendant qu'elles comparoissent devant le tribunal redoutable Minos, qu'elle apperçut dans une allée détournée une ombre, dont le calme et la sérénité contrastoient d'une manière remarquable avec l'agitation de la plupart de celles qui avoient déjà frappé ses regards ; elle avoit l'air de ne se trouver encore dans ces lieux qu'en vertu de la loi irrévocable du Destin qui l'avoit récemment moissonnée sur la terre, ou plutôt on eût dit que c'étoit un habitant de l'Elysée, égaré au milieu de ces ombres, parmi lesquelles le Tartare réclame peut-être sa proie. Elle en fut vivement frappée ; et, se rappelant en même-temps des traits, que les prestiges de l'art lúi avoient seuls appris à connoître , mais qu'un intérêt bien vif avoit profondément gravés dans sa mémoire , elle courut pour l'aborder. Au même instant , l'ombre se détourna pour arriver à sa rencontre , et lui adressa ainsi la parole :

DIALOGUE SECOND.

LOUIS XVI et CATHERINE II.

LOUIS XVI.

Soyez la bien venue , illustre Catherine, et recevez les hommages d'un roi auquel vous n'avez pas assez survécu !

CATHERINE.

Ah ! mon émotion ne m'avoit donc pas trompée, c'est Louis XVI que je retrouve en ces lieux. --- O trop malheureux monarque , et si digne d'un meilleur sort ! Mais, avant que de nous livrer au charme d'un entretien dont je sens vivement tout le prix, permettez-moi de vous demander comment il peut se faire que vous m'ayez connue , et nommée par mon nom sans hésiter ?

LOUIS XVI.

La Renommée venoit de nous annoncer votre arrivée sur les sombres bords.

CATHERINE.

Quoi ! la Renommée...

LOUIS XVI.

Non plus cette Courrière mensongère , dont les cent bouches suffisent à peine à colporter les erreurs des hommes, et à proclamer pompeusement les moindres actions des rois ; mais une divinité sévère qui n'embouche sa tempête que pour annoncer l'entrée des ombres dans le royaume des Morts, et publier les irrévocables arrêts de MINOS.

A l'instant un bruit éclatant et majestueux fit retentir le vaste royanme de PLUTON : CATHERINE tressaillit par un mouvement involontaire, et l'on entendit distinctement proclamer, pour la troisième et dernière fois, l'admission D'HENRI IV dans les Champs-Elysées. Bientôt après CATHERINE revenue à elle-même, continua ainsi avec un reste d'émotion.

CATHERINE.

Du moins vous l'avez su, prince aussi vertueux qu'infortuné, à quel point j'ai été touchée de votre sort, et la douleur profonde que j'ai ressentie de l'inutilité de mes efforts pour le prévenir ?

LOUIS XVI.

Hélas ! elles ont été sincères du moins ces larmes que vous avez versées pour moi ; et une cruelle indifférence n'a pas tout-à-coup remplacé en vous un désespoir déjà tardif

CATHERINE.

Ah ! pourquoi les souverains qui vous entouroient ont-ils perdu , dans les retours d'une politique tortueuse , un temps si précieux pour agir ? quel prestige a pu si long-temps fasciner leurs yeux ? que n'ont-ils suivi à propos les conseils que je m'efforçois de leur donner , ou plutôt pourquoi n'ai-je pas été à portée moi-même de leur tracer la vraie route , en vous soutenant de toute ma puissance !

LOUIS XVI.

Les arrêts du Destin en ont autrement ordonné ; j'étois choisi pour donner un grand exemple à la terre ; et qui pourroit sans cela expliquer...

CATHERINE.

Pardonnez , Louis , mais je crois que nous nous sommes trop accoutumés, dans ces temps d'orage , à mettre les évènemens malheureux sur le compte du Destin. Sans doute que ce n'est pas au moment où je viens d'être subitement frappée de ses coups, que je puis songer à lui contester sa puissance. Mais, moins jaloux que nous ne le pensons de nous en donner de continuelles preuves, croyez qu'il nous livre quelquefois à nous-mêmes, et qu'alors, les causes naturelles reprenant tout leur empire, les catastrophes sont le résultat de nos fautes, et non son ouvrage. Sans doute il seroit précieux d'imaginer qu'il suffit de la bonté d'une cause pour assurer son triomphe ; mais dans un monde qui ne peut être le séjour de la justice éternelle, le crime qui veille doit surprendre la vertu qui reste endormie, et c'est une vaste arène de gladiateurs, où ceux qui savent le mieux allier la force à l'adresse, sont sûrs de terrasser leurs ennemis.

LOUIS XVI.

Je ne vous le cacherai pas ; depuis que

j'habite ces bosquets, livré seul à des réflexions douloureuses, ces idées se sont fré-
quemment présentées à mon esprit, et l'o-
pinion de Catherine ne peut que leur donner un grand poids.

CATHERINE.

Loin de moi jusques à la pensée d'adresser
des reproches au plus vertueux des rois !
L'intérêt et le vénération qu'il m'inspire, lui
sont un trop sûr garant de mon cœur. D'ailleurs, si parmi les humains, le malheur et
la mort ont le droit sacré de purifier leurs
victimes, quel autre plus que vous expia
des erreurs, qui prenoient leur source dans
l'amour que vous aviez voué au peuple de
la terre devenu le plus cruel et le plus
ingrat.

LOUIS XVI.

Ah ! combien il est doux d'être apprécié
par ceux que l'on a esmités toute sa vie...
Mais, hélas ! calomnié pendant mon règne,

méconnu d'une partie de mes serviteurs,
outragé par mes sujets, regretté par mes
bourreaux, telle a été ma pénible carrière...
Daignez poursuivre, CATHERINE, j'ai toujours aimé la vérité, et n'ai rien négligé
pour la connoître ; mais tel est encore le
malheur des rois, c'est qu'ils ne l'appren-
nent que quand elle ne peut plus les servir.

CATHERINE.

Comme je suis prête à l'entendre, je ne
craindrai pas de vous la dire, cette vérité
que vos vertus vous permettent de ne pas
redouter, et je vous ai assez survécu pour
vous apprendre le jugement que confirmera
la sévère, mais équitable postérité. Tout
l'univers regarde votre mort comme un as-
sassinat exécrable ; on ajoute que vous étiez
le plus honnête homme de votre empire ;
que, placé dans un rang moins élevé, vous
eussiez fixé le bonheur autour de vous par
le charme de vos qualités privées ; que,

simple dans vos goûts, estimable dans vos penchans, sensé dans vos vues, sage dans tous vos projets, juste dans vos moindres desirs, modéré dans tous vos vœux, vous avez été à la fois le plus tendre des époux, le plus sensible des pères, et le modèle de ce même peuple qui vous vengera par ses remords.

LOUIS XVI.

Quelle douce émotion vous faites naître dans mon ame ! jamais, non jamais, je n'eus osé espérer qu'on appréciât si parfaitement mes vrais sentimens. Je ne crains pas d'en prendre la justice éternelle à témoin, le bonheur de mon peuple n'a cessé d'être ma principale, ma plus douce, mon unique pensée.

CATHERINE.

C'est-là ce dont personne ne doute, pas même les scélérats qui se sont baignés dans le sang de votre famille, et qui sont obligés de mentir tous les jours à leur conscience pour chercher à outrager votre mémoire ; mais l'on ajoute presqu'aussi généralement que vous n'étiez pas doué de la fermeté nécessaire pour régner dans des temps d'orage, et que votre foiblesse....

LOUIS XVI.

Ne craignez point, achevez.... Ma foiblesse n'a jamais tenu qu'au desir de connoître le vœu de mon peuple, et de toujours m'y conformer.

CATHERINE.

Et c'est précisément là ce qui a causé votre perte. Le peuple n'a point de vœu, et ce que l'on affecte de décorer de ce titre imposant, n'est autre chose que le cri de quelques intrigans intéressés à le tromper. C'est un enfant inconséquent et capricieux, destiné à rester toujours en tutelle, et dont il faut faire le bien pour ainsi dire en dépit de lui. Un souverain doit s'appliquer sans relâche à connoître les intérêts de ses sujets , s'en occuper sans cesse , et ne les consulter jamais

LOUIS XVI.

Je me flatte du moins qu'on ne s'est pas mépris aux motifs de cette foiblesse , et qu'on ne m'a pas fait le tort de croire qu'une lâche pusillanimité. . .

CATHERINE.

Non , Louis ; autant le blâme ou les éloges des comtemporains sont ordinairement suspects , autant les arrêts qui suivent la mort sont justes et irrévocables ; et l'on n'a point oublié que dans toutes les circonstances où le danger ne menaçoit que votre personne, vous vous êtes toujours montré supérieur aux évènemens et à vous-même.

LOUIS XVI.

Je me flattois qu'en cédant à l'orage , je ramenerois le retour du calme , et qu'en évitant de contrarier les pas de la révolution qui m'a été si funeste, je précipiterois sa marche.

CATHERINE.

Pour avoir partagé cette erreur avec la moitié de l'Europe, elle n'en a pas moins été bien funeste; et quels que soient les conseils timides que LÉOPOLD, ou d'autres, aient pu vous donner, ce n'étoit point à eux à jugér pour vous un peuple que vous deviez connoître, puisque depuis quinze ans vous le gouverniez. En cédant aux pervers, on ne fait qu'encourager leurs coupables espérances, exciter leur audace, et leur apprendre qu'il n'y a qu'à oser.

LOUIS XVI.

Jamais je n'aurois pu croire que l'on en vint à cet excès d'ingratitude envers moi; j'espérois qu'il en seroit de cette révolution comme des tempêtes qui purifient l'atmosphère après l'avoir ébranlé, et que cette secousse même, servant à déraciner des

abus que je savois assez profonds pour résister à ma puissance, finiroit par ramener
l'ordre sur des bases plus sûres, plus analogues au caractère des Français, et à l'esprit de démocratie du siècle où l'un et l'autre nous avons vécu.

CATHERINE.

Sachez, Louis, et une cruelle expérience
ne vous l'a que trop prouvé, que, semblable à un violent incendie, une révolution
ne s'arrête que lorsqu'elle a cessé de détruire tout ce qui pouvoit contribuer à alimenter son activité. Le niveau de l'égalité
est un glaive, qui, placé au-dessus de toutes
les têtes, paroît d'abord n'en menacer aucune, ou semble même les protéger toutes
également ; mais peu-à-peu il s'abaisse,
moissonne d'abord les plus élevées, et ne
tarde pas à atteindre celles, qui, après avoir
provoqué leur chûte, ont eu la barbarie de
s'en réjouir.

LOUIS

LOUIS XVI.

Sans doute, et je ne me le suis pas dis-
simulé depuis, qu'il fut un temps où l'on
eût pu se promettre d'heureux effets d'une
juste rigueur ; mais il eût fallu commencer
par répandre le sang de quelques coupables,
et j'en ai fait verser des torrens, pour n'a-
voir pu consentir à en voir couler quelques
gouttes.

CATHERINE.

Je le sens à présent, plus que jamais,
combien le sang des hommes est précieux,
et je voudrois en avoir toujours mieux
connu le prix ; mais il est des circonstances où l'humanité elle - même exige de
sanglans sacrifices, et où tout ménagement
devient criminel et barbare ; c'est la pitié
funeste de l'homme cruellement sensible,
qui, dans la vue d'épargner quelques instans
de douleur au malade, craint de tailler dans
le vif pour arrêter les progrès du mal, et

F

ne tarde pas à faire la triste découverte que tous les secours de son art, pour n'avoir pas été employés à temps, sont devenus inutiles.

LOUIS XVI.

Maintenant que l'expérience m'a éclairé de son lugubre flambeau, et que je songe avec douleur qu'il eût peut-être suffi de sévir contre quelques factieux, pour sauver les jours de tant de milliers de sujets fidèles, j'avoue que la pureté de mes motifs peut seule me rassurer sur ma conduite, mais convenez que si nous voulons nous reporter à cette époque, il étoit impossible de prévoir...

CATHERINE.

Oui, et j'ajouterai sans peine qu'une grande partie des fautes des souverains tiennent aux personnes qui les entourent, et à l'éducation qu'on leur donne. Il faudroit qu'ils eussent une connoissance plus profonde de l'histoire,

le véritable livre des rois, et qu'en leur dé-
veloppant tous les replis du cœur humain,
on leur apprît à puiser dans le passé des
règles de conduite pour l'avenir.

LOUIS XVI.

Je l'avois lue, je la possédois cette histoire, plus facile à commenter qu'à appliquer; mais ce dont nous avons été témoins
n'est-il pas sans exemple, et uniquement
réservé à notre siècle ?

CATHERINE.

Non, et c'est encore là une de ces erreurs
dont les hommes de tous les âges n'ont cessé
de se bercer. Profondément affectés des évènemens dont ils sont les victimes, ils semblent oublier ou méconnoître ceux que l'histoire a consignés dans ses fatses. Qu'on les
parcoure attentivement, et l'on y verra que
si l'on en excepte des momens de calme
bien courts, quelques parties de notre globe
ont toujours été en proie à des agitations

convulsives ; de tous les temps les hommes
ont été également corrompus, et les mêmes
causes ont reproduit à-peu-près les mêmes
effets. Aux époques les plus reculées, les
révolutions ont renversé des trônes, bouleversé des empires, fait passer les nations
sous des dominations étrangères, et ce
monde que nous venons de quitter est si
vieux, que depuis long-temps le soleil n'y
peut plus éclairer de nouveaux forfaits.

LOUIS XVI.

Vous croyez donc qu'en portant des regards attentifs sur ces annales des fureurs
et des vicissitudes humaines, ont eût pu
prévenir une partie des maux qui sont ar-
rivés ?

CATHERINE.

Gardez-vous d'en douter ; et, comme ce
qui nous touche de plus près a droit de faire
sur nous une impression d'autant plus profonde, je ne craindrai pas de me proposer

pour exemple, en vous rappelant les pages
que j'ai fournies moi-même à l'histoire, et
dont je desire qu'un jour on arrache un ou
deux feuillets. Mais auparavant, permettez-
moi de vous demander s'il est vrai, comme la
renommée l'a publié, que vous ayez résisté
aux instances du vieux maréchal de Broglie,
qui, à l'époque où il en étoit temps encore,
vous pressoit de vous mettre à la tête de votre
armée, rassemblée sous les murs de *Paris*.

LOUIS XVI.

Oui ; c'est une justice que je dois à ce serviteur fidèle, et que je me plais à lui rendre.
« Sire, me disoit-il, avec les accens de la
» douleur et de la conviction, croyez-en le
» dévouement et l'expérience d'un vieux sol-
» dat, qui, après avoir bien servi jadis son
» pays et son roi, s'estimeroit trop heureux,
» au terme de sa carrière, de les arracher
» l'un et l'autre au péril pressant qui les
» menace. Montrez-vous, sire, à votre ar-

» mée ; n'attendez pas que les séductions de
» tous les genres qui l'environnent viennent
» ébranler sa fidélité ; elle est composée de
» Français, et la présence de leur roi, en
» déjouant tous les complots, les maintiendra
» invariablement dans les sentiers de l'hon-
» neur ».

CATHERINE.

Eh ! qui put donc vous détourner de suivre
ces conseils salutaires ?

LOUIS XVI.

Je redoutai les suites d'une démarche aussi
décisive ; je sentis, trop vivement sans doute
pour leur propre bonheur, que tous étoient
également et mes sujets et mes enfans, il me
fut impossible d'armer des Français contre des
Français. L'espoir de devenir le médiateur
de leurs querelles me détourna aussi de me
rendre à *Metz*, où, à la tête d'une armée
qui se seroit grossie de jour en jour, j'aurois
pu dicter la loi aux rebelles. Cette fatale jour-

née est celle où je fus réellement précipité de mon trône, et emmené prisonnier dans ma capitale. J'étois encore entouré de gardes fidèles, qui me donnèrent les marques les plus touchantes de dévouement. Ils n'attendoient qu'un mot, un signal de ma part; il en étoit temps encore, mais espérant conjurer un si violent orage en me dévouant seul à ses coups, je ne pus me résoudre à le donner.

CATHERINE.

Tel est en effet le récit qui en est parvenu jusqu'à moi. Permettez à présent, intéressante victime, que je vous raconte, ou plutôt que je vous rappelle une époque mémorable de ma vie, qui vous prouvera de nouveau si la résignation doit être la vertu des rois.

Je partageois depuis quelques mois le trône de toutes les Russies avec PIERRE III, mon époux, lorsque j'appris, par des rapports dont il ne m'étoit pas permis de douter, qu'il se proposoit, non-seulement de m'en faire descendre, mais encore de me confiner dans une retraite obscure, dans cette forteresse redoutable où Ywan, le malheureux Vwan, a depuis terminé ses jours. Je voyois élever presque sous mes yeux la prison destinée à me recevoir ; je ne tardai pas à découvrir qu'il n'y avoit pas un moment à perdre, et, ne sachant d'abord à quel parti me résoudre dans cette crise extrême, bientôt je ne pris plus conseil que de la grandeur du péril, et résolus de le prévenir. Pierre III régnoit sans partage ; tout obéissoit à ses loix ; l'éclat dont je brillois, je ne l'empruntois que de lui ; comment espérer, en m'en détachant, de lutter avec avantage, et de créer à l'instant un parti capable de triompher de sa puissance ? Je crus en appercevoir les moyens dans la connoissance parfaite de son caractère, dans le défaut de fermeté que j'y avois remarqué, dans l'irrésolution dont il ne pouvoit se défendre jusques dans ces momens où

la promptitude de l'exécution peut seule assurer le succès , et c'est sur ces bases que je
formai tout mon plan. Nous habitions dans
ce moment deux châteaux à peu de distance
l'un de l'autre. Favorisée seulement par
quelques individus dévoués à ma cause, je
préparai le succès dans l'ombre du mystère,
avec le peu de moyens qui étoient en mon
pouvoir. Arrivée à l'époque terrible qui devoit
irrévocablement décider de mon sort , je ra-
masse tout mon courage , et ne songe plus
qu'à mes hautes destinées. Je m'achemine,
à la faveur des ombres de la nuit, vers la
capitale , et j'y arrive au moment où le jour
permettoit à peine de distinguer les objets ;
je me rends aussi-tôt au quartier des gardes :
je les harangue avec cette éloquence persua-
sive et pressante qu'inspirent les violentes af-
fections de l'ame ; j'applaudis à ceux qui se
dévouent à ma cause ; j'encourage les foibles ,
je détermine ceux qui paroissent irrésolus ;
bientôt je les entraîne, et l'enthousiasme s'em-

parant des esprits , tous me jurent d'une voix unanime de se sacrifier pour moi. Je me hâte alors d'aller droit au temple prêter le serment d'usage à l'inauguration des empereurs ; de-là je cours au sénat, dont quelques membres dévoués m'ouvrent les portes , tandis que quelques-uns d'entr'eux , qui tiennent encore à l'empereur, balancent, semblent aussi étonnés d'un pareil évènement que frappés de ma présence ; mes amis profitent de leur trouble , et tous me reconnoissent enfin pour leur seule impératrice.

LOUIS XVI.

Et que faisoit pendant ce temps-là votre époux ?

CATHERINE.

Il étoit au château d'*Oranienbaum* dans une sécurité profonde , et lorsqu'un serviteur fidèle vint lui annoncer la révolution que quelques instans avoient vu s'opérer , il refusa d'y croire jusques au moment où il ne lui fut plus permis d'en douter. Le vieux maréchal de MUNICH lui conseilla alors de se mettre sur le champ à la tête de ses gardes et du peu de troupes qui l'entouroient, et de marcher sans délai sur *Pétersbourg.* » *Je vous précéderai*, lui dit » ce brave guerrier, *et l'on n'arrivera à* » *Votre Majesté qu'après avoir passé* » *sur mon corps* ».

LOUIS. XVI.

Helas ! trop cruel souvenir !

CATHERINE.

Si cet avis eût été suivi, le succès étoit infaillible, j'étois perdue sans ressource ; ces troupes étoient dévouées à leur Souverain, et sous ses ordres et ceux d'un MUNICH, elles eussent été invincibles. PIERRE avoit encore un grand nombre d'amis dans la capitale, parmi ceux même qui formoient mon cortège, et ils n'attendoient que sa présence pour se ranger sous ses drapeaux. Mais tandis qu'il délibéroit, je me revêtis des habits d'un sexe dont je me sentois alors toute l'audace, et donnant une juste préférence à l'uniforme de ces braves gardes qui avoient les premiers uni leur destinée à la mienne, je montai sur un coursier, et ma foible main armée d'une épée, je traversai la capitale, suivie d'un immense cortège que chaque instant voyoit grossir. Ce fut ainsi que je repris la route de *Peteshoff*, d'où j'étois partie le matin. Pendant cette marche triomphale, je reçus de fréquens couriers de la part de PIERRE, qui, inquiet de n'en voir revenir aucun, céda enfin aux instances de MUNICH, qui le conjuroit de se rendre à *Cronstadt*, place forte et port important à quelques lieues de *Pétersbourg*. Déjà le général *Lievers* en avoit pris possession au nom de son maître; il l'attendoit avec une mortelle impatience : mais l'irrésolu PIERRE ayant différé son départ, je le prévins une seconde fois, lorsqu'il se présenta dans la nuit à l'entrée du port. *Lievers* étoit arrêté par mes ordres, et il venoit de s'opérer à *Cronstadt* la même révolution qu'à *Pétersbourg*. Il lui restoit cependant deux partis à prendre, et si son irrésolution les avoit rendus incertains, ils pouvoient néanmoins encore être couronnés par le succès; c'étoit d'aller se jeter dans les bras de son armée rassemblée en Poméranie, ou de se mettre à la tête de ses gardes qui le sollicitoient de les conduire à ma rencontre, en jurant de le venger ou de mourir autour de lui. Quelque résolution que PIERRE eût adoptée, elle pouvoit m'être funeste; il n'en prit aucune, offrit de composer, composa, et perdit sans retour sa couronne.

LOUIS XVI.

Hélas! je les sens trop vivement, ces rapprochemens que vous m'aviez annoncés:

mais s'ils me rappellent des fautes, que je ferois peut-être encore si je ne consultois que mon cœur, je n'y suis sensible qu'à cause des maux sans nombre occasionnés par une chûte, dont, hélas ! je n'ai pas été la seule victime.

CATHERINE.

Je me reproche de vous avoir affligé en retraçant des souvenirs aussi douloureux ; la recherche de la vérité nous y a conduits, mais je suis loin de pouvoir en tirer vanité ; et si la postérité ne peut me refuser d'avoir deployé un grand caractère dans cette cir-constance, peut-être n'approuvera - t - elle pas également tous les motifs qui m'y ont déterminée..... Mais, parlons d'objets plus consolans pour votre cœur.

LOUIS XVI.

Eh bien ! parlons de ma fille.....; qu'est devenu cet enfant de douleur, né dans la prospérité, et élevé dans le désespoir et l'esclavage? Son âge, son innocence sont-ils parvenus à désarmer ceux qui ont arraché de ses bras les infortunés auteurs de ses jours, et ont-ils assouvi leur soif de ce sang respecté huit cents ans parmi eux.... Parlez; où est ma fille aujourd'hui?

CATHERINE.

A *Vienne*, au milieu de la famille de son auguste mère, qui lui prodigue tous les égards dus à son rang, à ses qualités personnelles et à ses malheurs; sans les cruels souvenirs qui déchirent son ame, elle pourroit encore espérer ce que les mortels appellent des jours heureux.

LOUIS XVI.

Vous ne me parlez pas de mon fils!

CATHERINE.

Il étoit trop jeune pour expier sur un échafaud le crime irrémissible d'être leur légitime Souverain..... Mais, au défaut du glaive régicide, on croit qu'un poison lent a dévoré ses entrailles innocentes, et que les successeurs de ROBERSPIERRE ont surpassé en cruauté ce tyran. Las cependant de ces forfaits, et voulant avilir par un dernier outrage le rejeton de tant de rois, ils ont osé proposer d'échanger votre fille, l'intéressante MARIE - THÉRÈSE, contre des factieux qui prononcèrent votre arrêt de mort, et ce fameux DROUET qui vous arrêta à *Varennes*.

LOUIS XVI.

Quoi ! l'on a consenti à endurer cette ignominie !

CATHERINE.

Oui, et cet effort est peut-être la preuve la plus touchante du respect de FRANÇOIS II, pour votre mémoire. Le temps des *Regulus* n'existe plus. Ces exemples d'héroïsme sont perdus pour des nations dépravées, et

un

un siècle corrompu. Votre fille languissoit dans une prison obscure ; sa jeunesse se flétrissoit ; ses grâces alloient s'effacer, son teint se ternir, sa santé peut-être s'altérer pour jamais.... Il pouvoit renaître un second ROBERSPIERRE ; les échafauds du terrorisme pouvoient se relever, on avoit l'expérience que l'innocence n'étoit qu'un titre de plus pour mériter la mort... et FRANÇOIS II, en sacrifiant sa dignité à la crainte d'un pareil danger, a fait voir qu'il sentoit que la véritable gloire est celle qui sait s'immoler en faveur de la vertu.

LOUIS XVI.

Je n'ose vous parler de mes frères....

CATHERINE.

Puisqu'ils ont pu supporter la nouvelle de votre supplice, leur ame est au-dessus des maux qu'ils souffrent, et peut-être de ceux qui leur sont encore réservés...... Vous dire qu'ils n'ont plus d'asyle que là où l'honneur persécuté est encore plus cher que le crime heureux, c'est vous dire, que, proscrits à peu près de toute la terre, ils sont admirés de leurs serviteurs, estimés des honnêtes gens, oubliés des égoïstes, accueillis par les cœurs vraiment magnanimes, mais sacrifiés par la politique et presqu'abandonnés de tout l'univers.

LOUIS XVI.

Ah! sans doute CATHERINE n'est pas du nombre de ces rois, qui ont trop vîte oublié que ma cause étoit bien plutôt celle de leur personne, que celle des prétendus intérêts de leur politique?

CATHERINE.

Non, mais il faut être juste; j'ai toujours été plus favorablement placée qu'eux pour appercevoir cette vérité. Désintéressée par ma situation en Europe, j'ai calculé et jugé l'orage, parce qu'il se formoit à mes pieds;

et depuis que je n'ai plus rien à prétendre.....

LOUIS XVI.

Quoi! vous aussi, CATHERINE, vous avez
desiré de me dépouiller.... ?

CATHERINE.

Non, mais de profiter du trouble général
et de m'agrandir, première passion de presque tous les rois.... Cette erreur, si c'en
est une, ne m'a point égarée au point de
me faire oublier cette religion de la royauté,
dont vous et moi avons été de grands pon-
tifes sur la terre, et moi seule dans toute
l'Europe j'ai reconnu vos deux successeurs.

LOUIS XVI.

Ainsi celui de mes frères, à qui j'ai laissé
pour tout héritage un nom proscrit et malheureux....

CATHERINE.

J'allois lui offrir une retraite paisible,

comme les Espagnols l'accordèrent autrefois au fils du malheureux CHARLES I.

LOUIS XVI.

Votre mort est donc une calamité de plus qui vient frapper ma famille?

CATHERINE.

Non ; ce n'est qu'un changement de règne, et non un changement d'opinion et de principes. Au - lieu d'une bonne amie ; votre frère aura dans mon fils un ami généreux, avec cette seule différence qu'en héritant de mes sentimens comme de ma puissance, il se trouvera chargé de le consoler et de l'aimer pour nous deux.

LOUIS XVI.

Pardonnez.... Mais ces milliers de sujets fidèles, qui tous ont voulu me servir, que sont-ils devenus? De quelque rang , de quelque classe qu'ils puissent être, je leur dois mes regrets et mes vœux.

CATHERINE.

Cette génération de victimes s'éteint rapidement chaque jour..... Et ceux que les
échafauds et les combats n'ont pas encore
moissonnés, s'usent, vieillissent et succom-
bent, sans laisser à ceux qui leur survivent
l'espoir d'un sort moins rigoureux.

LOUIS XVI.

Eh quoi ! ceux de ces hommes généreux
qui ont échappé à tant de dangers, survécu
à tant d'infortune, n'éprouvent pas du moins
de la part de tous les Souverains quelque
dédommagement des persécutions que leur
ont fait éprouver les ennemis de la souve-
raineté...!

CATHERINE.

Non, Louis..... Les républicains ont
triomphé ; on les craint, on les ménage.
Quant à ceux de vos sujets fidèles, dont
votre cœur est sans cesse occupé, ils ont
le sort des partis malheureux...... En

France , on les massacre et on les proscrit ;
en Italie et en Espagne , on les chasse ; à
Vienne , on les repousse ; en Prusse , on
les ignore ; dans l'Empire et le Holstein ,
on les tolère ; en Suède et en Dannemarck ,
on les écarte..... Les grands Souverains
les oublient , les petits les redoutent , et
toute l'Europe laisse à l'Angleterre le soin
de les user ou de les nourrir.

LOUIS XVI.

Mais que pensez-vous de cette longue et
désastreuse guerre ? Ne craignez-vous pas
que votre arrivée dans ces lieux , n'apporte
là-haut de grands changemens qui tourne-
ront au profit des principes révolution-
naires ?

CATHERINE.

J'espère que non , et j'aime à croire que
mon fils n'aura pas seulement succédé à mon
pouvoir , mais encore à mes plans et à mes
principes , et qu'il sentira, avec quelque jus-

tice peut-être, que mon esprit , mes idées et mon caractère , ne sont pas la partie la moins importante du bel héritage que je viens de lui laisser. Mais , tout en croyant qu'il fera les efforts que j'aurois pu faire pour renverser l'idole qu'il faut combattre ou adorer , je ne puis m'empêcher de craindre , et le passé me rend suspect le présent comme l'avenir.

LOUIS XVI.

Et comment ces Français , qui , avant d'immoler leur monarque , avoient déjà secoué le joug tutélaire de la monarchie , ont-ils pu résister à ce concours d'efforts ? Et comment la moitié de l'Europe , armée et réunie contre un seul pays , a-t-elle pu trouver une pareille résistance chez des factieux divisés en tant de partis ?

CATHERINE.

C'est précisément ce concours qui les a sauvés. Les alliés , au-lieu de déposer leurs haines particulières pour écraser de toute leur

puissance leur ennemi commun , n'ont cessé
de nourrir entr'eux des prétentions funestes;
et chacun, en feignant de compter sur les
efforts de ses voisins, s'est cru non-seulement
dispensé d'y concourir, mais obligé quelquefois de les déjouer. C'est en songeant sans
cesse que l'ami du jour pouvoit être l'ennemi
du lendemain , qu'on a passé , à observer son
allié, un temps précieux pour agir , et qu'en
craignant son agrandissement , on a voulu
se tenir en mesure..... et enfin , car il faut
en convenir, aujourd'hui que nous nous trou-
vons dans des lieux d'où toute dissimulation
est bannie, ces patriotes français, que l'on a
cru ridiculiser en leur donnant le nom de *Car-
magnols* , sont les seuls qui aient montré de
l'ensemble dans les plans , de la célérité et de
la vigueur dans les moyens. Long-temps une
aveugle prévention a empêché de leur rendre
cette justice , mais il est certain qu'il est impossible de défendre une plus mauvaise cause
avec plus d'énergie , et quelquefois même
plus de talens.

LOUIS XVI.

Comment leurs succès n'ont-ils pas dessillé les yeux des rois, et resserré les liens qui les unissent ?

CATHERINE.

Ils ont produit un effet tout contraire. De toutes parts, oubliant que le motif qui avoit armé la coalition subsistoit dans toute sa force, et étoit de même devenu bien plus pressante encore, on s'est hâté de se rapprocher d'eux par des négociations, et déjà un grand nombre de paix particulières ont été conclues. Hélas! les membres de votre auguste famille, qui occupent encore des trônes en Europe, sont au nombre des amis de cette république, dont les bases ont été cimentées par votre sang. Non - seulement le chef de la branche de votre maison qui règne en Espagne est aujourd'hui l'allié des républicains, mais ses escadres confondues avec....

LOUIS XVI.

N'achevez pas ; je ne veux point cesser

d'aimer celui qui fit encore un dernier effort pour me sauver la vie. Plaignons les rois qu'une fausse politique entraîne ; ils souffrent bien plus que nous, et ne soyons pas plus sévères que Minos , qui ne les juge que le siècle d'après celui où ils ont vécu.

CATHERINE.

Ces sentimens sont dignes de Louis XVI.... ils sont aussi, j'en suis sûre , ceux de celui qui n'a hérité que de ses droits et de sa bonté. Ce n'est que par l'oubli et l'indulgence qu'il sied à la vertu de ramener à elle tous les cœurs.

LOUIS XVI.

Que cet entretien a pour moi de charmes, et qu'il m'est doux d'imaginer que souvent nous pourrons le reprendre ! J'ai encore des renseignemens à vous demander sur des objets qui m'intéressent vivement ; mais il y a dans ces bosquets une foule d'ombres , avides comme moi de vous voir, et je cède à leur impatience. Allez retrouver tant de rois qui vous admirent, tant de souverains qui vous ont aimée. Sans doute le grand FRÉDÉRIC qui s'avance est du nombre de ceux qui ont le plus de titres pour être écoutés. Adieu donc, je vous laisse ensemble, et vous engage à profiter du droit que vous avez l'un et l'autre de vous dire ici la vérité.

DIALOGUE TROSIEME.

CATHERINE II ET FRÉDÉRIC II.

FRÉDÉRIC.

QUOI, déjà l'illustre CATHERINE descendue parmi nous ! le génie n'a donc pas l'heureux droit d'éterniser l'existence ?

CATHERINE.

Non, et depuis votre mort nous en avions

la certitude..... S'il avoit un pareil privi-
lège, le grand FRÉDÉRIC régneroit encore.

FRÉDÉRIC.

Et pourroit admirer l'impératrice de Russie.

CATHERINE.

Croyez-moi, mon frère, déposons ce langage ; nous n'avons plus de traités ni de partages à faire ensemble , et si nous nous
sommes beaucoup loués en nous trompant un
peu , ne faisons ici ni l'un ni l'autre.

FRÉDÉRIC.

J'y consens ; aussi bien nous est-il permis ,
je crois, de nous dire comme MAHOMET à
SOPIRE :

Je me sens assez grand pour ne pas t'abuser.

J'aurois cru qu'en arrivant d'une cour dont
vous avez été si long-temps l'idole, l'austère vérité pourroit vous effrayer ; mais, puisque vous
ne la craignez pas , je vais me conformer à
vos vœux. Pour moi, qui depuis dix ans ne

règne plus, je me suis fait à l'entendre, et vous devez d'ailleurs savoir qu'en ma qualité de philosophe, je n'ai jamais souffert qu'on osât me flatter.

CATHERINE.

Mon frère, je sais bien que vous l'aviez défendu , mais je crois que vous n'étiez pas fort fâché qu'on vous désobéît quelquefois. J'ai eu comme vous ces belles prétentions à la franchise ; mais, avouons-le , les impératrices et les rois philosophes ont beau faire : si c'est avec plus de soins et d'adresse qu'on les trompe , ils n'en sont pas moins trompés.

FRÉDÉRIC.

Ainsi, vous voilà bien convaincue à présent, que l'œil d'aigle n'a pas toujours percé à travers toutes les manœuvres des courtisans adroits et des ambitieux favoris ?

CATHERINE.

Mon frère , la toute-puissance est entourée

de prestiges comme la foudre de nuages ; elle
les déchire bien quelquefois, mais elle les at-
tire toujours..... Je sais à présent jusqu'où
l'adulation peut aveugler les rois ; mais, pour
l'apprendre, il a fallu cesser de l'être. Toute
absolue que j'étois, comme ils m'ont abusée !
— Vous le savez ; ils ont poussé l'adresse et
l'audace jusques à jouer devant moi la prospérité d'un pays que mes conquêtes et mes
guerres avoient dévasté, et ils ont osé faire
bâtir sur mes pas des villages entiers, qui,
semblables à des décorations de théâtre, dis-
paroisosient en ne laissant sur mes traces que
des déserts, et des peuplades aussi abandon-
nées que malheureuses. Ah ! combien j'aurois
à rougir d'un voyage, qui n'avoit eu l'air à
mes yeux que d'un long triomphe, si je ne
partageois de pareilles erreurs avec le grand
FRÉDÉRIC lui-même, et si je ne me rappelois
que tandis qu'on créoit pour moi des villages
factices, on plantoit pour lui des branchages
tout le long des routes, afin de lui faire croire

que, conformément à ses ordres , elles étoient bordées de mûriers.

FRÉDÉRIC.

C'est ainsi que dans les détails des subalternes en usent; mais je le leur pardonne de bon cœur, si, dans les choses importantes, j'ai toujours pu voir, examiner et juger. Laissons - là ces inconvéniens inévitables, dont vous et moi nous sommes assez bien tirés, et parlons un peu de l'embarras où doivent se trouver aujourd'hui ceux qui nous succèdent.

CATHERINE.

Je m'apperçois déjà , à ce langage , que vous savez où en est la pauvre Europe en ce moment.

FRÉDÉRIC.

Autant qu'ont pu me l'apprendre ces rois , auxquels j'imagine qu'on n'a pas manqué de cacher les trois quarts du danger , comme on le dissimule encore à tous ceux qui pourroient y porter remède. JOSEPH II, en arrivant le premier ici, m'avoit annoncé les plus belles choses du monde. Il prétendoit avoir laissé l'esprit d'innovation gagnant toutes les têtes, et le desir de bouleverser se manifestant de toutes parts ; ce pauvre homme, qui n'a jamais fait que *législater* (mot ingénieux que vous avez créé vous-même) se vantoit à moi d'être l'heureux précurseur de tous les changemens qui alloient se faire.

Depuis, le philantrope LÉOPOLD est venu m'en parler tout autrement ; mais il espéroit, selon son usage, et croyoit que tout cela finiroit par s'appaiser de soi-même. Il redoubloit l'impatience et la colère du bouillant et loyal GUSTAVE ; aussi ce dernier me répétoit-il tout bas qu'avec les meilleures intentions du monde, son très-court règne n'avoit servi qu'à affermir et propager une certaine secte de temporiseurs, qui, si elle n'a pas fait de mal, en a du moins bien laissé faire. Enfin, j'en étois à tout craindre et à fort peu

espérer

espérer, quand l'infortuné Louis XVI est
venu nous conter lui-même où en étoit l'audace des peuples et la timidité des rois. Je
l'avoue ; j'ai cru alors qu'une croisade , destinée à sauver tous les trônes outragés et atta-
qués en un seul , alloit du moins réparer tant
d'entortillages politiques ; mais je viens d'apprendre , il y a quelques jours , par ce vieillard
respectable que vous voyez là-bas, et qu'on a
fait mourir de chagrin après l'avoir presque
détrôné, que , s'ils n'y prennent bien garde,
ce siècle pourroit être le dernier qui fournisse
des ombres royales à ce séjour.

CATHERINE.

Mon cher frère, j'ai bien peur que ce soit
nous qui ayons préparé tout ce désordre dont
on profite à présent.

FRÉDÉRIC.

Hélas! c'est cet ambitieux JOSEPH, qui, à
force d'admirations et d'hommages, vous a
séduite , et ce sont les circonstances qui m'ont

entraîné. Il n'a fallu qu'un *Erostrate* pour brûler le temple d'*Éphèse*, et qu'un Jo-seph II pour incendier toute l'Europe. Affligé de nos succès, importuné de notre gloire, fatigué de l'ascendant que j'avois obtenu sur sa mère, il a voulu, pour attirer les regards, réformer, bouleverser, détruire, comme s'il ne falloit pas plus de génie pour édifier une simple cabane, que pour renverser cent villes superbes. Non-seulement, en inquiétant ses sujets, il a ébranlé la fidélité des Hongrois, lassé la patience des Allemands, poussé les Belges à la révolte ; mais il vous a inspiré l'extravagante idée de recréer l'empire d'Orient, et il nous a provoqués, vous et moi, à ce partage impolitique, qui n'a que trop consacré en Europe l'idée que toute in-justice devient légitime, sitôt que la fortune ose l'entreprendre, et le courage la main-tenir.

CATHERINE.

Ah, si nous avions pu nous entendre !

FRÉDÉRIC.

Vous étiez alors obsédée, et l'on abusoit tellement de votre penchant pour tout ce qui avoit l'empreinte et la grandeur de votre caractère, que peut-être mes réflexions pacifiques vous auroient paru l'excès de prudence d'un vieillard, accablé de sa gloire et satisfait de ses lauriers....Ne pouvant donc vous détourner d'un projet dangereux, et n'ayant pas les moyens de vous arrêter, l'Empereur et Vous, puisque la France assoupie sembloit déjà ne vouloir plus s'éveiller, je n'ai pu voir l'Autriche s'agrandir, sans chercher à acquérir à mon tour, et j'ai signé ce fatal partage, qui depuis n'a que trop habitué l'Europe à voir disparoître avec indifférence une monarchie, et renverser la constitution d'un vaste Etat.

CATHERINE.

Depuis, vous le savez, nous avons achevé.

H 2

FRÉDÉRIC.

Si le premier pas étoit le plus hardi et le plus immoral à faire, ce dernier étoit nécessaire, et je ne puis que vous approuver. En n'écoutant que vos intérêts respectifs, en vous laissant aller aux insinuations de JOSEPH II, qui plus que tout autre avoit gagné au premier partage, vous aviez ôté à la Pologne tout ce qui pouvoit en faire un Etat indépendant. Sans frontières pour se défendre, sans esprit public pour se maintenir, sans chef pour ainsi dire pour se gouverner, déchiré par des factions, partagé par des dogmes ennemis, destiné à être le théâtre éternel de vos guerres, la victime de tous vos débats, le sujet de vos différens, et condamné à vivre sous votre tutèle, ce pays malheureux ne pouvoit que se plier à un entier esclavage, ou tendre à cette énergie, qui, du sein même du désespoir, fait souvent naître un héroïsme bien dangereux à provoquer, et bien difficile à réduire. Dans ce cas, vos conquêtes pouvoient devenir aussi embarrassantes que funestes, et ce moment d'enthousiasme passager que ce peuple insouciant a éprouvé, m'a-t-on dit, quand Kosciusko a tenté de le soulever et de le réunir, est bien une preuve qu'une nation, à moitié vaincue, demande à être totalement subjuguée.

CATHERINE.

Tel est malheureusement l'effet d'une première injustice ; elle entraîne à sa suite des précautions, qui, pour être nécessaires, n'en sont pas moins tyranniques. Les efforts des Polonais, pour sauver leur patrie, pouvoient en tout autre temps passer pour généreux ; mais, dans un moment où tous les esprits partagés ne laissent plus attendre que l'effrayante issue du combat à outrance de la philosophie moderne contre la propriété, il a fallu vaincre pour réprimer, massacrer pour convaincre, dissoudre pour corriger, et s'emparer les armes à la main d'un pays, dont les rapports dangereux avec la France menaçoient une grande partie de l'Europe d'être enveloppée par l'anarchie.

FRÉDÉRIC.

Ce motif est louable, et jamais conquête n'en a eu, sinon de plus légitime, du moins de plus excusable. Mais, ma chère sœur, s'il étoit si nécessaire de sauver la Pologne, n'étoit-il pas aussi sage de la recréer que de l'envahir, et aussi noble de réparer que de détruire?

CATHERINE.

Cet effort étoit peut-être plus juste, plus généreux, plus politique, mais il étoit impraticable. Vous le savez par expérience; si des alliés s'entendent toujours pour nuire et pour partager, ils ne sont jamais d'accord dès qu'il s'agit de sacrifices; et la jalousie qui s'endort, tant qu'elle croit s'enrichir, se réveille avec fureur quand il faut restituer. D'ailleurs, la guerre actuelle a compliqué à tel point la politique, et la coalition qui est détruite a tellement divisé ce qu'elle devoit réunir, qu'il n'a pas été possible de songer à des restitutions, qui dédommagent du moins l'Autriche des pertes qu'elle a essuyées.

FRÉDÉRIC.

Mais, de grace, expliquez-moi quels intérêts secrets ont pu diriger ce second partage, si inégal, si singulier.....?

CATHERINE.

S'il n'étoit pas intimément lié avec les projets de conquête de mes co-partageans sur la France, il seroit impossible de vous satisfaire.

FRÉDÉRIC.

Quoi.....! des souverains, des rois, ont sérieusement songé à dépouiller le fils de Louis XVI! Ils ne se sont pas crus tous à la fois les tuteurs-nés du plus intéressant des orphelins ?

CATHERINE.

Ils n'ont vu que l'héritage, et le reste a disparu à leurs yeux.... Mais comme, dans ce vaste plan où votre successeur n'entroit qu'à regret, il n'avoit rien à prétendre en cas de succès, il a fallu songer à le dédommager sur les bords de la *Vistule*, des conquêtes chimériques que son rival faisoit de l'autre côté du *Rhin*. Quant au dernier de ces trois partages, je vous l'ai déjà dit.... Le danger de voir au milieu de nous un vaste pays se livrer à la démagogie des Français, a suffi pour nous décider, et du moment où nous avons été résolus à ne plus rien respecter, je me suis hâtée de faire un pas de géant pour arriver le plutôt possible à la rencontre de mes fidèles alliés.

FRÉDÉRIC.

Quel pas ! des bords du *Dnieper* à ceux du *Bug*, et quel empressement flatteur pour eux !

CATHERINE.

Il n'importe ; je n'ai conquis qu'un pays que

je dominois , je n'ai fait que prendre un titre inutile, et j'ai laissé votre heureux successeur gagner d'un trait de plume des provinces , tandis que la Silésie vous a coûté la moitié de votre règne , deux guerres sanglantes , et l'honneur dangereux de jouer dix fois de suite et de gagner votre couronne.

FRÉDÉRIC.

Oui ; mais , en acquérant une province , c'est à mon ennemi que je l'arrachois , et c'étoit de ses dépouilles même que j'augmentois ma puissance. Qu'importe dans la balance politique de-mettre les mêmes poids dans les deux bassins ? Les avantages momentanées , qui ne rassurent pas sur l'avenir, sont des désavantages réels , et tout ce qui porte en soi des germes de division , des motifs de haine , et des principes de guerre , n'est à mes yeux qu'un accroissement dangereux. Vous le savez , si je n'avois pas eu l'espoir de posséder *Dantzig* un jour , et le besoin pressant de rapprocher le royaume de Prusse de mes autres Etats , dont il avoit été séparé toute la guerre , JOSEPH n'auroit pas eu si bon marché de la Gallicie , et nous aurions encore une fois essayé si le maître auroit tremblé devant son prétendu élève.

CATHERINE.

Mais qui peut vous avoir inspiré de l'indifférence pour les Polonais, et les Turcs devenus vos alliés naturels?

FRÉDÉRIC.

Ce malheureux traité de 1756 qui a renversé toute la politique , jeté toute la France , je ne sais pourquoi, dans les bras de l'Autriche , et ne m'a laissé depuis votre alliance avec JOSEPH II , que le parti d'en imposer par une contenance formidable, sanspour cela vous compromettre. Vous l'avouerai-je encore? Sur la fin de ma carrière , j'ai voulu conserver toute ma gloire. J'avois été si heureux ; j'avois tant réfléchi aux chances de la guerre , à la part du hasard au milieu même des plus savantes combinaisons; je savois si bien à quoi j'avois dû quelquefois les plus brillans succès ; à quoi avoient tenu mes revers ; en un mot, je connoissois tellement la fortune, que je redoutois qu'elle ne finît par refuser ses faveurs à un vieux soldat qu'elle en avoit si souvent comblé.

CATHERINE.

Cela commence à m'expliquer ce que j'ai eu tant de peine à comprendre, et je vois à présent pourquoi vous vous êtes décidé à sourire à mes vues sur *Constantinople*, et à plaisanter de mes liaisons avec l'Empereur.

FRÉDÉRIC.

Je ne plaisantois qu'à demi, je ne souriois que du bout des lèvres, mais j'étois las de la guerre que l'on m'accusoit d'avoir trop aimé. J'avois appris, en la faisant, à distinguer mes vraies ressources, et à connoître la disproportion de mes forces réelles avec celles de mes ennemis ; et j'avois si souvent fait l'expérience que sans la réunion de ma volonté, de mes talens et de ma puissance, unité

peut-être sans exemple, mon pays et ma couronne étoient perdus, que j'étois dégoûté de
montrer à l'Europe un Roi courant, comme
un Paladin, les périlleuses aventures. D'ailleurs, si vos liaisons et vos victoires avoient
quelque droit de m'inquiéter, je vous attendois au partage, et je comptois, peut-être
avec raison, qu'il vous étoit plus aisé de
convoiter la Turquie d'Europe, que de vous
entendre un jour pour la diviser. Mais à présent que vous avez renoncé à passer le
Danube, et que vous voilà tous rapprochés
sur les bords de ce *Bug*, qui ne s'attendoit
pas à servir de frontières à vos trois Empires,
dites-moi où en est là-haut votre politique ?

CATHERINE.

Dans le désordre où doit être tout édifice,
qui n'a plus d'autre base que l'intérêt du moment, et la bonne foi de la circonstance. De
votre temps il existoit un système, un équilibre auquel chaque puissance se rattachoit

plus ou moins. L'Allemagne, placée au milieu
de l'Europe, étoit le centre commun où
tous les intérêts venoient aboutir, et le traité
de Westphalie, quelque morcelé qu'il pût
être, se trouvoit encore le noyau autour du-
quel on sembloit tourner.

FRÉDÉRIC.

Eh bien ! qui a donc coupé ce nœud gor-
dien, à une époque où l'on a tant besoin
d'un pareil guide ?

CATHERINE.

Celui peut-être qui avoit le plus d'intérêt
à le défendre et à le conserver.

FRÉDÉRIC.

Ainsi l'Europe aura trouvé un ALEXANDRE,
qui, à force d'héroïsme, obligera la fortune
à justifier son audace !

CATHERINE.

Non; mais elle tremble comme les successeurs d'AUGUSTULE devant les barbares, ou

plutôt, comme elle a déjà tremblé lors des ravages des Normands, et des conquêtes des Sarrazins.

FRÉDÉRIC.

Ah ! ma sœur, quelle différence ! ces derniers peuples étoient invincibles parce qu'ils marchoient au nom de cet Alcoran qu'ils brûloient d'annoncer à tout l'univers, et que les hommes sont bien redoutables, quand c'est pour répandre leurs opinions qu'ils sont armés.

CATHERINE.

Eh bien ! c'est ce fanatisme même qui anime les Français d'aujourd'hui. Si les souverains qu'ils menacent se méprennent à leur but, ce n'est pas qu'ils manquent d'audace pour leur déclarer leur dessein, ni de courage pour le poursuivre. Est-ce donc pour changer simplement de maîtres qu'un peuple entier change de mœurs, renverse les propriétés, détruit tous les rangs, nivelle toutes les différences , semble combler tous les intervalles , et renonce effrontément au culte révéré de ses pères ? Est-ce pour s'occuper de son bonheur intérieur qu'il attaque tous les pouvoirs , méprise tous les dogmes , dédaigne toutes les autorités , et cherche à avilir tous les rois ? Est-ce pour arriver à la tranquillité qu'il porte par-tout la guerre et repousse toujours la paix ? Est-ce pour raffermir la constitution qu'il s'est donnée , qu'il cherche à ébranler toutes celles des nations qui l'avoisinent ? Est-ce pour arriver au calme qu'il sème le trouble; pour obéir à ses loix , qu'il cherche à dissoudre par-tout les liens de la soumission et de la fidélité ? Est-ce pour se renfermer dans ses frontières, qu'il souffle au loin le désordre qui l'agite et l'anarchie qui le dévore ? Et est-ce donc enfin pour finir paisiblement par faire partie de cette grande république Européenne , couverte de monarchies , que sans cesse il attaque le gouvernement monarchique , insulte les souverains, jure haine à la royauté, et prépare ainsi les douces alliances qu'il doit contracter avec tant de rois ?

FRÉDÉRIC.

Et quel est donc ce culte nouveau qui menace l'Europe de changer de face ?

CATHERINE.

Le premier qu'on ait osé proposer aux hommes, sans que la vertu en soit la base, sans que la Divinité en soit l'objet. S'il avoit ressemblé à tous ces dogmes, que depuis trente ans, on s'efforce de détruire, par cela même il auroit intéressé personne. Mais annoncer une religion qui est de n'en point avoir ; promettre, non pas la liberté, mais l'indépendance et l'impunité ; flatter, dans un siècle corrompu, tout ce qui tient à la dissolution des mœurs ; permettre de subs- tituer les prétentions du bel esprit aux droits sacrés de la propriété ; prêcher à des égoïs- tes l'ingratitude, et laisser entrevoir, par le

renversement

renversement de tous les pouvoirs jusqu'où l'ambition et l'audace peuvent arriver , telle est cette religion de l'égalité , que des intrigans ont échafaudée sur les rêves des esprits faux que nous avons appelés philosophes.

FRÉDÉRIC.

Quoi ! ce seroit les plans, les écrits des beaux-esprits de ce siècle qui en auroient empoisonné la fin ?

CATHERINE.

Oui , et sur-tout de ceux que vous et moi avons caressés toute notre vie , afin qu'ils apprenent à leurs disciples à détrôner nos successeurs.

FRÉDÉRIC.

Quoi ! vous pouvez penser que cette révolution , dont on m'a tant parlé, a un but secret vers lequel elle marche.

I

CATHERINE.

Oui, et c'est-là ce qu'on s'obtine à cacher à tous ceux qui peuvent encore étouffer cette hydre... Si les bras qui agissent ne brisent que ce qui est à la portée de leurs coups, les têtes qui dirigent voient au-delà. La république française, ou pour mieux dire, la religion de l'égalité, ne peut pas avec ses principes rester comme une île escarpée au milieu d'un océan de monarchies. C'est à tout niveler qu'elle prétend, c'est à tout rapprocher d'elle qu'elle vise ; intolérante, tout en prêchant la tolérance, elle traite les peuples soumis à l'autorité des rois, comme les premiers Musulmans traïtoient les anciens idolâtres, et elle s'attend à se briser au pied des trônes qu'elle veut renverser, ou à s'établir sur leurs débris.

Si cette religion n'a pu jusqu'ici conserver les prétendus prophètes qui l'ont prêchée tour-à-tour, en revanche elle a chaque jour

enfanté des *Seïdes* qui se dévouent à la défendre, et dont les succès sont aussi effrayans
et aussi rapides que ceux de ce conducteur
de chameaux, qui, pour conquérir une partie du globe, n'eut qu'à offrir aux Arabes
des dogmes contraires à ceux qu'ils prati-
quoient. Croyez, mon frère, que si cette
révolution, qui ébranle toute l'Europe, n'eut
été autre chose qu'un changement de gouvernement dans une de ses parties, elle ne
seroit pas autant agitée, et l'opinion ne s'en
fût pas plus occupée qu'elle ne le fit lors des
troubles qui conduisirent l'infortuné CHAR-
LES I à l'échafaud. Mais c'est sous un autre
caractère que le système le plus perfide et le
plus profond s'avance sourdement, corrompt
toutes les idées, dénature tous les sentimens,
et détruit insensiblement tous les liens de
la société. Ah ! si vous saviez comme ils sont
aveuglés, ces rois qui ne voient dans l'agitation universelle qu'une ardente curiosité,
et jusqu'à quel point on les trompe en leur

laissant ou faisant croire que cette guerre, entreprise pour accroître leur puissance, tandis qu'il ne falloit prendre les armes que pour sauver leur autorité, est une de celles que la politique commence, prolonge, suspend et termine toujours à son gré.

FRÉDÉRIC.

Et qui peut vous porter à croire que le danger soit aussi imminent que vous me le peignez ?

CATHERINE.

Le degré d'intérêt que tant de nations, vivant sous des constitutions monarchiques, mettent en ce moment à tout ce qui regarde un peuple de républicains, hautement déchaîné contre la nature du gouvernement auquel elles sont soumises. De bonne foi, est-ce pour que la France ait un monarque ou cinq tyrans que l'on se partage, et peut-on croire que ce soit pour observer les succès et les revers des différentes factions qui y règnent, que l'on a sans cesse les yeux fixés sur un pays dont il semble que le monde entier attende sa destinée ? Quel que soit le degré d'intérêt qu'une grande nation, livrée à des agitations convulsives, ait droit d'inspirer, jamais on n'en a vu vingt autres s'en occuper exclusivement ; mais, c'est ainsi que l'enthousiasme a répondu de siècle en siècle à tous les cris du fanatisme, et que toutes les fois qu'il s'est élevé une religion nouvelle, la fermentation devançant l'entraînement, et l'approbation l'adoption, on a vu de toutes parts naître des prosélytes et mourir des martyrs. Le culte du jour est d'autant plus facile à répandre, qu'il flatte, trompe, et arme la classe innombrable qui n'a rien contre celle qui possède. En sept ans, il a bouleversé un grand royaume, agité vingt belles provinces, renversé une paisible république. Comme les religions il a son foyer,

comme les religions il a ses-martyrs, comme
les religions il a ses sectaires. Exclusif,
ainsi que tous les dogmes naissans, il profite de tout, combat, péuètre sans cesse,
et ne vise à rien moins qu'à renverser tous
les autels, afin d'ouvrir la porte à tous les
crimes, en brisant jusqu'aux idées attachées
aux vertus.

FRÉDÉRIC.

Ah, CATHERINE, si je vivois encore!

CATHERINE.

Vous seriez le sauveur de l'Europe, l'ange
tutélaire de l'univers.

FRÉDÉRIC.

Eh bien. . . . . ! ce que je ferois si je
régnois encore, que votre successeur, que
votre fils le fasse à ma place.

Instruit par votre exemple, éclairé par
ses propres lumières, déterminé par la jus-

tesse de son esprit , et sur-tout entraîné
par son cœur , qu'il se dise : « Une femme
vient d'occuper avec grandeur le trône où
je monte , et ne m'a laissé qu'un seul champ
de gloire qu'elle n'ait pas moissonné. Par-
tout ailleurs il me reste à peine de quoi
glaner sur ses traces. . . . Le Turc est hu-
milié ; le Persan vient d'être battu ; le Tartare est dompté , le Polonais soumis , le
Suédois étonné , le Prussien inquiet, l'Au-
trichien et l'Anglais amis , et toute l'Europe
habituée à l'admiration et à l'estime. Tout
ce que PIERRE a conçu pour illustrer son
pays , ma mère l'a exécuté ; et , si la mer
Noire ne communique pas encore par des
canaux à la Baltique , c'est que mes escadres , libres d'enveloper l'Europe , rendent
inutiles de pareils travaux. Mais , ce que
PIERRE n'a pu imaginer, ce que CATHERINE
a tant balancé à entreprendre , moi je puis
l'exécuter, et faire voir, dans le seul espace

d'un siècle, la Russie sortir de la barbarie, monter au rang des états policés, s'accroître, s'agrandir, s'élever, rendre la tranquillité à des contrées dont elle étoit ignorée il y a cent ans.

« En succédant à une grande femme, je puis me montrer aussi grand qu'elle, et me débarrasser tout-à-coup de cette responsabilité de gloire, dont son règne semble m'accabler. Ce n'est plus pour ajouter encore un empire à tant d'états dont je suis surchargé, qu'il s'agit de combattre, mais bien pour conserver un ordre de choses sans lequel je ne puis régner. CATHERINE a conquis, il me reste à consolider ; et, bien loin de chercher à rejeter de l'autre côté du Bosphore les sectateurs d'une religion qui n'a plus de prosélytes à faire, c'est au-devant de celle qui en fait chaque jour qu'il est temps de m'avancer. Plus le danger est éloigné de moi, plus il est généreux de

chercher à y porter remède. Si des intérêts
que je consens à ignorer, si des projets,
aussi souvent déjoués que conçus, ont empêché jusqu'à ce jour tous les souverains qui
sont entre la France et moi de s'opposer aux
progrès de la lave dévorante qui les menace;
si l'empire d'Allemagne a regardé jusqu'ici
cette république, ou, pour mieux dire, ce
volcan, avec la même insouciance que les
habitans de *Pempeia* et d'*Herculanum* regardoient le Vésuve à l'époque où il les a
engloutis; si tant d'états envahis, de princes
fugitifs, de souverains étonnés, de peuples
agités, ne sont pas assez calmes pour envi-
sager le danger et appercevoir la vérité sous
son effrayant aspect, moi seul je puis encore profiter de la tranquilité que j'éprouve, et
montrer à l'univers que, si PIERRE LE GRAND
a voulu faire don à l'Europe de la Russie,
PAUL PETROWITZ peut convertir ce don en
un véritable bienfait. Ce n'est plus à satifaire

une ambition chimérique que je dois sacrifier mes soldats, mais c'est à assurer le bonheur de mon peuple et l'existence de mes alliés que je dois employer mes armées. Je ne suis pas seulement chargé de la génération que je gouverne, je suis encore le protecteur de celle qui doit lui succéder. Les calculs d'un jour ou d'un règne sont ceux de l'égoïsme; ceux qui embrassent l'univers appartiennent seuls au génie. Si ma mère a senti depuis sept ans le danger, et hésité depuis sept ans, c'est qu'elle tenoit à trente-quatre ans de succès et à une longue carrière de gloire; mais pour moi, qui viens de voir s'ouvrir la mienne, moi qui n'aurai pas deux fois l'occasion de l'illustrer ainsi, je ne la laisserai point échapper. Si l'ambition a pu égarer tous les souverains auxquels elle a offert plus d'un appât dans cet état de trouble, la mienne, ne pouvant être tentée par des conquêtes qui me seroient nuisibles ou inutiles, je verrai le danger ce qu'il est, et y proportionnerai le remède.

« Désintéressé par ma situation locale autant que par mon caractère, et d'autant plus en état de faire de grands sacrifices que ma mère en a fait si peu jusqu'ici, je puis rassembler ce faisseau désuni, lui servir de nouveau lien, et me rendre digne d'être choisi pour l'AGAMEMNON de l'Europe. En donnant par la guerre la paix à tant de puissances, je finirai par en devenir l'arbitre, et j'acheverai d'obtenir enfin ce degré d'importance politique auquel tous mes prédécesseurs ont visé, et que le premier je pourrai atteindre. . . . . . Et si, maître du plus grand empire du monde, successeur d'un de ses plus grands rois, je parviens à mettre enfin un terme à la plus effrayante calamité qui ait menacé l'ordre social, je mériterai peut-être un jour que cette Europe, revenue de son ivresse et honteuse de son erreur, ne trouve pas de plus bel éloge à faire de ma mère que de dire : CATHERINE *fut le second* PIERRE *de la Russie, et son fils se montre digne de tous deux* ».

F I N.